AF452960

THÉORIE ÉLÉMENTAIRE

DES

GYROSCOPES

PAR

M. L.-J. GRUEY

Professeur à la Faculté des Sciences de Clermont-Ferrand.

CLERMONT-FERRAND

TYPOGRAPHIE FERDINAND THIBAUD, LIBRAIRE

Rue Saint-Genès, 8-10

1879.

THÉORIE ÉLÉMENTAIRE

DES

GYROSCOPES

Par L.-J. GRUEY

Professeur à la Faculté des Sciences de Clermont-Ferrand.

AVANT-PROPOS.

1. Dans les *appareils gyroscopiques* connus, la pièce essentielle est un corps solide de révolution, pouvant recevoir autour de son axe une rotation très-rapide.

Généralement ce corps est un *tore* en bronze, muni d'un petit *axe* cylindrique en acier. Les extrémités de l'axe, très-pointues, reposent sur la circonférence d'un *anneau*, dans de petites crapaudines diamétralement opposées.

Cet *anneau suspenseur* est en cuivre ; mais comme il doit être aussi léger que possible, il semblerait préférable de le construire en Aluminium.

L'axe porte soit un petit pignon, soit un petit trou, permettant au tore de recevoir une rotation rapide soit d'une roue dentée soit d'une ficelle. On emploie la roue dentée si on veut obtenir une vitesse de rotation excessivement grande.

Les appareils gyroscopiques diffèrent entre eux par la manière dont l'anneau suspenseur est relié au pied de l'instrument et par le mode d'application des forces qui sollicitent le tore.

Le corps solide de révolution peut constituer à lui seul presque tout l'appareil gyroscopique ; tel est le cas du *toton* ou de la *toupie vulgaire*.

2. Dans cet opuscule, je donne la théorie du *culbuteur de Hardy* et de quelques appareils que j'ai imaginés dernièrement ; j'emprunte celle des autres gyroscopes, à M. Puiseux et à M. Résal. Je ne voudrais pas exagérer l'importance de mes petits instruments ; mais je dois dire qu'ils ont été accueillis avec une certaine curiosité. M. Puiseux a bien voulu les présenter à l'Institut ; M. Résal et M. Tisserand en ont fait fonctionner quelques-uns à leurs cours de l'École polytechnique et de la Sorbonne ; M. Darboux et M. Faye les ont soigneusement examinés. Plusieurs journaux Français ou Allemands en ont donné la description. Ils m'ont valu dabord les réclamations de M. Hirn et M. Sire, et finalement une médaille d'argent au concours des *Sociétés savantes*.

Notre habile constructeur, M. Ducretet, a bien voulu nous offrir les clichés des excellents appareils gyroscopiques qui sortent de ses ateliers. Nous le remercions vivement; grâce à lui, nous avons pu répandre dans le texte un assez grand nombre de belles gravures. Si quelque jeune lecteur trouvait néanmoins ce nombre insuffisant, nous le prierions de faire lui-même telle ou telle figure facile que nous lui indiquerons au passage.

3. Notre exposition s'appuie toujours sur les équations de M. Résal pour le mouvement d'un solide de révolution, ayant un point fixe sur l'axe de figure. Je suppose ces équations parfaitement connues (1). Toutefois, je les rappellerai avec leur sens précis, parce qu'elles ne sont pas encore aussi répandues que celles d'Euler dont M. Résal les a tirées.

Soit O le point fixe, $O\zeta$ l'axe de révolution du corps. Par le point O, menons trois axes rectangulaires Ox, Oy, Oz de *directions invariables*, auxquels nous rapporterons le mouvement du corps (2).

Nommons *méridien* tout plan passant par $O\zeta$, *équateur* le plan mené par O perpendiculairement à cet axe, et *ligne des nœuds* l'intersection $O\xi$ de l'équateur avec le plan fixe xOy. Menons la droite $O\eta$ perpendiculaire à $O\xi$ et $O\zeta$. Le système des trois axes rectangulaires $O\xi$, $O\eta$, $O\zeta$ est mobile à la fois dans l'espace et dans le corps.

La position de l'équateur ou de l'axe de révolution du corps est déterminée par l'angle ψ de $O\xi$ avec Ox et par l'angle θ de $O\zeta$ avec Oz. On pourrait nommer ces angles *longitude du nœud* et *inclinaison de l'équateur*.

Pour déterminer entièrement la position du corps, il

(1) Voir la Mécanique de Bour, 5ᵉ fascicule.
(2) Faire la figure ou se reporter à la figure (5), page 15.

suffit de joindre aux angles ψ et θ l'angle φ formé avec le méridien $\zeta O \xi$ par un méridien lié invariable-au corps.

Ces trois angles θ, ψ, φ sont donnés par les équations de M. Résal, savoir :

$$(1) \quad \begin{cases} A \dfrac{d\Theta}{dt} + (C-A)\,\Psi^2 \sin\theta \cos\theta + Cn\,\Psi \sin\theta = L \\[2ex] A \sin\theta \dfrac{d\Psi}{dt} + (2A-C)\,\Theta\,\Psi \cos\theta - Cn\,\Theta = M \\[2ex] \qquad\qquad\qquad C.\dfrac{d(n + \Psi \cos\theta)}{dt} = N \end{cases}$$

où

$$\Theta = \frac{d\theta}{dt} \quad , \qquad \Psi = \frac{d\psi}{dt} \quad , \qquad n = \frac{d\varphi}{dt} \ ;$$

où C est le moment d'inertie du corps relatif à son axe $O\zeta$ et A celui qui se rapporte à toute droite menée par O dans l'équateur; où enfin L, M, N sont les sommes des moments des forces qui sollicitent le corps, relative-ment aux trois axes rectangulaires $O\xi$, On, $O\zeta$.

De plus, les projections p, q, r de l'axe instantané de rotation ω du corps sur les trois axes $O\xi$, On, $O\zeta$ sont données par les formules.

$$(2) \quad \begin{cases} p = \Theta \\ q = \Psi . \sin\theta \\ r = n + \Psi \cos\theta \end{cases}$$

Les quantités Ψ et Θ se nomment *précession* et *nuta-tion* de l'axe de révolution du corps; la quantité n se nomme *rotation propre* du corps autour de cet axe.

Si on ajoute membre à membre les deux premières équations de M. Résal, multipliées respectivement par

Θ et $\Psi \sin \theta$; si on multiplie ensuite la deuxième par $\sin \theta$, le système (1) prend la forme suivante :

$$(5) \quad \begin{cases} A \dfrac{d}{dt} (\Theta^2 + \Psi^2 \sin^2\theta) = 2 (L \Theta + M \Psi \sin\theta) \\[2mm] A \dfrac{d}{dt} (\Psi \sin^2\theta) + C (n + \Psi \cos\theta) \dfrac{d(\cos\theta)}{dt} = M \sin\theta \\[2mm] C \dfrac{d(n + \Psi \cos\theta)}{dt} = N \end{cases}$$

qui est quelquefois très-commode :

La *force vive* du corps est donnée par l'équation

$$(4) \quad \Sigma(mv^2) = A (\Theta^2 + \Psi^2 \sin^2\theta) + C (n + \Psi \cos\theta)^2$$

En appliquant ces formules, nous supposerons : 1° qu'une rotation et le moment d'une force autour d'un axe issu de O, se comptent *positivement* de *droite à gauche*, pour un observateur couché sur l'axe les pieds en O ; 2° que les angles θ, ψ, φ se comptent de la même manière autour de leurs axes respectifs $O\xi$, Oz, $O\zeta$; 3° que le sens des axes coordonnés $O(x, y, z)$, $O(\xi, n, \zeta)$ est tellement choisi qu'une rotation positive de 90° fasse prendre à Ox la position de Oy, si elle a lieu autour de Oz et à $O\xi$ la position de On, si elle a lieu autour de $O\zeta$.

Une quantité variable étant représentée par une lettre, sa valeur initiale le sera toujours par la même lettre, affectée de l'indice zéro.

Dans le cours de notre travail, nous emploierons, sans avertissement nouveau, les notations, conventions et formules rappelées ici une fois pour toutes.

PREMIÈRE SECTION

Le tore n'est soumis qu'à son poids et un point de son axe est fixe.

§ I.

THÉORIE GÉNÉRALE

1. Avant de considérer les divers appareils gyroscopiques qui forment cette section, nous reproduirons brièvement la théorie générale du mouvement d'un solide homogène de révolution, pesant et fixé par un point O de son axe de figure (1).

Pour cela, appliquons les équations de M. Résal, en prenant pour axe fixe Oz la verticale du point O, dirigée de bas en haut; et pour direction de l'axe $O\zeta$, celle qui va du point O au centre de gravité G du corps. Désignons par l la distance OG de ces deux points et par m la masse du corps (2).

On a, dans le cas actuel :

$$L = mgl\sin\theta, \quad M = 0, \quad N = 0.$$

Par suite, les équations de M. Résal, prises sous la forme (3) que nous leur avons donnée dans notre Avant-Propos, fournissent immédiatement par une première intégration les relations:

$$(1) \quad \begin{cases} n + \Psi\cos\theta = \alpha \\ A(\Theta^2 + \Psi^2\sin^2\theta) = -2\,mgl\cos\theta + \beta \\ A\Psi\sin^2\theta + C\alpha\cos\theta = \gamma \end{cases}$$

α, β, γ étant des constantes que nous déterminerons par les conditions initiales du mouvement. Supposons qu'à l'époque

---

(1) Cette théorie due à Poisson a été notablement perfectionnée par M. Puiseux.

(2) Faire la figure ou se reporter à la figure (3), page 13.

initiale, la rotation instantanée du corps ait lieu autour de son axe de figure et soit ω_0 , alors on a :

$$p_0 = 0 , \qquad q_0 = 0 , \qquad r_0 = \omega_0 .$$

et par les équations (2) de l'Avant-Propos

$$\Theta_0 = 0 , \qquad \Psi_0 = 0 , \qquad n_0 = \omega_0$$

par suite,

$$\alpha = \omega_0 , \qquad \beta = 2mgl\cos\theta_0 , \qquad \gamma = C\omega_0\cos\theta_0$$

Remarquons de suite le sens de la première équation (1) ; elle signifie que *la projection de la rotation instantanée du corps sur son axe de figure est constante.*

Nutation Θ.

2. Les équations (1) déterminent ψ, θ et φ. Si on connaissait θ en fonction du temps t, la troisième de ces équations donnerait ψ par une quadrature, et ensuite la première donnerait φ de la même manière. Tout est donc ramené à la recherche d'une équation entre θ et t.

On obtient cette équation,

$$(2) \qquad A^2\sin^2\theta \left(\frac{d\theta}{dt}\right)^2 = 2mglA\sin^2\theta\,(\cos\theta_0 - \cos\theta) - C^2\omega_0^2(\cos\theta_0 - \cos\theta)^2$$

par l'élimination de ψ entre les deux dernières relations (1). Si on y introduit ensuite, au lieu de l'angle θ, la coordonnée z du centre de gravité G, en remarquant que :

$$z = l\cos\theta$$

on obtient finalement, sans difficulté aucune, l'équation différentielle :

$$(3) \qquad dt = \pm \frac{A\,dz}{\sqrt{T\,(z_0 - z)}}$$

où

$$(4) \qquad T = 2mgA\,(l^2 - z^2) - C^2\omega_0^2\,(z_0 - z)$$

On voit que z est une fonction elliptique de t ; mais nous nous bornerons pour l'équation (3) à une discussion élémentaire.

3. Le polynôme T, pour les valeurs de z :

$$ -l , \qquad z_0 , \qquad l , \qquad +\infty $$

prend les signes :

$$ - , \qquad + , \qquad + , \qquad - . $$

Les deux racines z_1, z_2 de ce polynôme sont donc toujours réelles ; soit z_1 la plus petite. On aura :

$$ z_1 < z_0 < z_2 $$

et

$$ T (z_0 - z) = 2mgA (z - z_1) (z - z_0) (z - z_2) $$

où le facteur $(z - z_2)$ est toujours négatif, puisque z est toujours plus petit que l, qui est lui-même plus petit que z_2.

Pour que dt soit réel, ou T $(z_0 - z)$ positif, il faut donc que z reste compris entre z_0 et z_1 et par suite que l'on ait :

$$ z_1 < z < z_0 $$

A l'époque initiale, $z = z_0$; puis z décroît de z_0 à z_1 ; $\dfrac{dz}{dt}$ est alors négatif et il faut prendre le signe — dans l'équation (3).

Soit $t = t_1$ l'époque à laquelle $z = z_1$, on a :

$$ t_1 = - \int_{z_0}^{z_1} \frac{A dz}{\sqrt{T (z_0 - z)}} $$

intégrale finie quoique T $(z_0 - z)$ soit nul aux limites (1).

z croît ensuite de z_1 à z_0 et $\dfrac{dz}{dt}$ ayant ainsi changé de signe en s'annulant, on doit prendre le signe + dans la formule (3), et ainsi de suite.

____

(1) Voir tom. 2, page 167, les Exercices du P. Julien qui paraît avoir rédigé les leçons de M. Puiseux sur ce sujet.

L'axe $O\zeta$ *du tore se balance donc d'un mouvement isochrone et périodique dans le plan* $zO\zeta$, *la durée de la période étant* t_1.

Précession Ψ.

4. La dernière des équations (1) donne :

$$(5) \qquad \Psi = \frac{Cl\omega_0}{A} \cdot \frac{z_0 - z}{l^2 - z^2}$$

Comme le facteur $\dfrac{z_0 - z}{l^2 - z^2}$ est toujours positif, cette formule montre que le signe de Ψ est invariablement celui de ω_0.

L'axe $O\zeta$ *du corps tourne autour de* Oz *toujours dans le même sens qui est celui de la rotation initiale du corps autour de cet axe.*

La vitesse de précession Ψ a même période que z ou θ. Pendant la durée de cette période, ψ croît de la quantité.

$$C\, l\omega_0 \int_{z_0}^{z_1} \sqrt{\frac{z_0 - z}{T}} \cdot \frac{dz}{l^2 - z^2}$$

Courbe décrite par le point G.

5. Le centre de gravité du point G décrit dans l'espace une courbe sphérique dont la projection sur le plan horizontal est tout entière comprise entre deux circonférences ayant pour rayons :

$$\rho_0 = \sqrt{l^2 - z_0^2} \quad \text{et} \quad \rho_1 = \sqrt{l^2 - z_1^2} .$$

Soient ρ et a les coordonnées polaires d'un point de la courbe de projection et V l'angle de la tangente en ce point avec ρ. On a, en remarquant que $\rho = l\sin\theta$ et que $da = d\psi$:

$$\text{tg}V = \frac{\rho\, da}{d\rho} = \text{tg}\theta \cdot \frac{d\psi}{d\theta}$$

Mais, d'autre part il est facile de voir, après avoir éliminé dt entre (3) et (5) et en ayant égard à la relation $z = l\cos\theta$ que :

$$\frac{d\psi}{d\theta} = C\,\frac{l^2\,\omega_0\sin\theta}{l^2 - z^2}\cdot\sqrt{\frac{z_0 - z}{T}}$$

expression qui est évidemment nulle ou infinie lorsque z prend la valeur z_0 ou z_1.

Donc la courbe de projection considérée est tangente au cercle de rayon ρ_1 et orthogonale avec rebroussement au cercle de rayon ρ_0; et les diverses boucles dont elle se compose sont toujours décrites dans le même sens, puisque le signe de ψ est invariable.

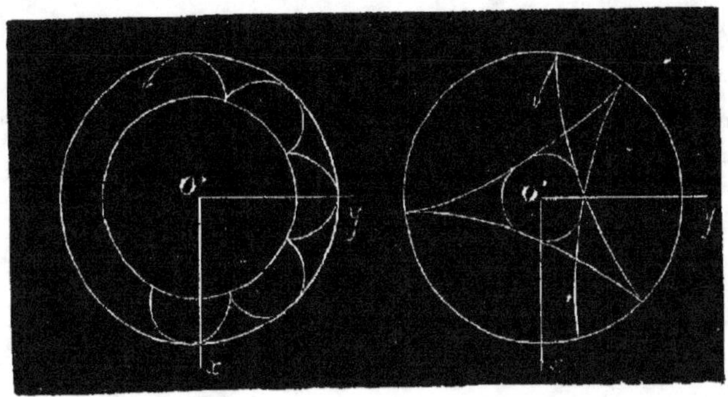

Figure 1.   Figure 2.

Le cercle de rayon ρ_0 peut être intérieur (*fig.* 1) ou extérieur (*fig.* 2) au cercle de rayon ρ_1; le premier cas arrive nécessairement lorsque z_1 est positif et le deuxième lorsque z_0 est négatif.

Remarquons ici, sur l'équation $T = 0$, que si la constante ω_0 tend vers l'infini, la racine z_1 tend vers z_0 et par suite ρ_1 vers ρ_0; si au contraire ω_0 tend vers zéro, z_1 tends vers $-l$ et ρ_1 vers zéro.

Rotation propre, n.

6. Enfin la rotation propre n du corps est donnée par la première équation (1).

$$n = \omega_0 - \Psi \cos\theta \quad ;$$

elle est exprimable algébriquement en z et périodique comme cette coordonnée du centre de gravité.

Cas particulier où ω_0 est très-grand.

7. Dans ce cas particulier, l'intervalle de z_1 à z_0 est très-petit, autrement dit θ diffère très-peu de θ_0; soit :

$$\theta = \theta_0 + u$$

u sera une petite quantité; d'ailleurs l'équation (2), divisée par $(\cos\theta_0 - \cos\theta)$ montre que $\omega_0^2 (\cos\theta_0 - \cos\theta)$ et par suite $\omega_0^2 u$ est une quantité finie. Cela posé, on a en négligeant u^2 :

$$\cos\theta_0 - \cos\theta = u\sin\theta_0, \qquad \sin^2\theta = \sin^2\theta_0 + 2u\sin\theta_0\cos\theta_0$$

Si nous substituons ces valeurs dans l'équation (2) et si nous négligeons les quantités de l'ordre de u^2 nous obtenons facilement l'équation :

$$\left(\frac{du}{dt}\right)^2 = \mu^2 \omega_0^2 u (c - u)$$

en posant :

$$\mu = \frac{C}{A}, \qquad\qquad c = \frac{2mglA\sin\theta_0}{C^2\omega_0^2} \quad ;$$

ce qui donne par une intégration connue et en remarquant que $u_0 = 0$:

$$u = \frac{c}{2} (1 - \cos\mu\omega_0 t)$$

8. En faisant la même substitution au même degré d'approximation dans la première et dernière équation (1) on a de suite :

$$\begin{cases} \Psi = \dfrac{\mu\omega_0}{\sin\theta_0} \cdot u \\[2em] n = \omega_0 - \cos\theta_0 \cdot \dfrac{d\psi}{dt} \end{cases}$$

et par une intégration immédiate :

$$\begin{cases} \psi = \dfrac{\mu\omega_0 c}{2\sin\theta_0} \cdot t - \dfrac{c}{2\sin\theta_0} \sin\mu\omega_0 t \\[2em] \varphi = \omega_0 t - \psi\cos\theta_0 \end{cases}$$

en prenant pour axe Ox et pour plan méridien lié invariablement au corps, la position initiale de $O\xi$ et celle du plan $\zeta O\xi$, afin d'avoir :

$$\psi_0 = 0, \qquad\qquad \varphi_0 = 0,$$

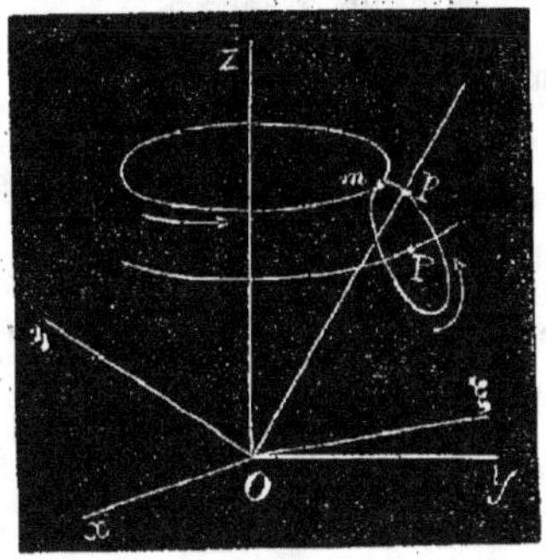

Figure 3.

9. Considérons sur la sphère de centre O et de rayon égal à l'unité le point P dont le mouvement serait défini par les angles θ' et ψ' savoir :

$$\begin{cases} \theta' = \theta_0 + \dfrac{c}{2} \\[2em] \psi' = \dfrac{\mu\omega_0 c}{2\sin\theta_0} \cdot t \end{cases}$$

nommons ce point P *pôle moyen* et rapportons le pôle vrai p, trace sphérique de $O\zeta$, à P. *Ce point P décrit uniformément un cercle ayant Oz pour axe, dans le sens de la rotation initiale ω_0 autour de $O\zeta$.* Menons une tangente $P\alpha$ à ce cercle, en sens contraire du mouvement de P, et une deuxième tangente $P\beta$ à la sphère, perpendiculaire à $P\alpha$ et dans le sens de bas en haut. Si on désigne par α, β les coordonnées de p rapporté à ces deux tangentes on a :

$$\left\{ \begin{aligned} \beta &= \theta' - \theta = \frac{e}{2}\cos\mu\omega_0 t \\[2em] \alpha &= (\psi' - \psi)\sin\theta' = \frac{e}{2}\sin\mu\omega_0 t \end{aligned} \right.$$

en négligeant dans α une quantité de l'ordre de e^2 ou u^2.

On voit, par ces formules, que p décrit uniformément autour de OP, dans le sens marqué par le signe de la rotation initiale ω_0 autour de $O\zeta$, un petit cercle σ de rayon $R = \frac{e}{2}$ et pendant le temps $\tau = \dfrac{2\pi}{\mu\omega_0}$.

R et τ diminuent quand ω_0 augmente et peuvent devenir insensibles à l'observation lorsque ω_0 est excessivement grand.

Le cercle σ est toujours en contact, en m, avec le cercle Σ de la sphère ayant Oz pour axe et mené par la position initiale du pôle vrai p. Pendant le temps τ le contact se déplace sur σ, relativement à p, de la quantité $2\pi R = \pi e$ et sur Σ sensiblement de $\psi' \cdot \dfrac{\tau}{t} \cdot \sin\theta_0$, ou de la même quantité πe. Donc.

Le mouvement de p sur la sphère est sensiblement produit par le roulement uniforme du cercle σ sur le cercle Σ.

10. *Remarque.* — Dans ce cas de ω_0 ou n très-grand, on obtient sur-le-champ une bonne approximation, mais grossière relativement à celle qui précède, en négligeant dans les équations (1) les termes indépendants de n, comme ayant peu d'influence. Ces équations deviennent alors immédiatement intégrables et donnent sans calcul :

$$n = \omega_0, \qquad \theta = \theta_0, \qquad \psi = \frac{mgl}{C\omega_0} \cdot t$$

§ II.

DESCRIPTION DES APPAREILS.

—

Appareil de Bohnenberger.

11. Le premier en date des appareils gyroscopiques appartient à cette section et est dû à Bohnenberger. Il a été décrit d'abord en 1817 dans les *Tubinger Blätter fur Naturwissenschaft und Arzneikunde.*

Un anneau extérieur A, fixé au pied de l'instrument, porte les crapaudines d'un deuxième anneau B, monté sur des pivots de manière à tourner très-librement autour du diamètre verti-

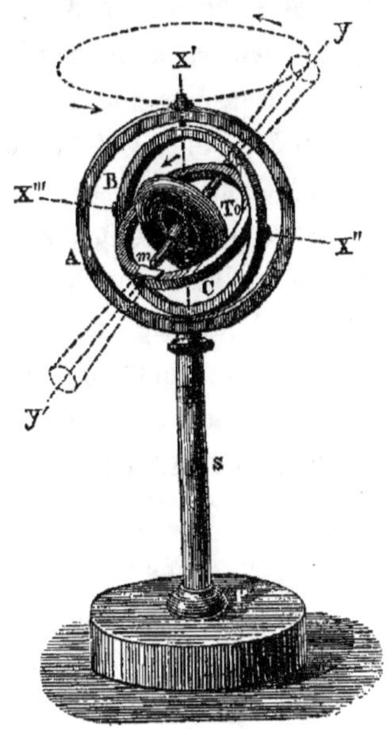

Figure 4.

cal XX′ commun à ces deux anneaux. Un troisième anneau C, intérieur à B, peut tourner avec facilité autour du diamètre horizontal X″X‴ qui lui est commun avec l'anneau B sur lequel il s'appuie.

Enfin ce troisième anneau porte l'axe de rotation en acier YY', perpendiculaire à X"X"', d'un tore en bronze T ou d'un corps quelconque de révolution dont l'axe de figure coïncide avec YY'. Le centre de gravité de ce corps est placé, aussi exactement que possible, au point d'intersection O des trois axes XX', X"X"', YY' ; il est donc rigoureusement fixe.

Par cette disposition, qui revient au fond à la suspension de Cardan, on réalise un solide parfaitement mobile autour de son centre de gravité fixe, abstraction faite des frottements qui sont très-faibles.

Imprimons, au moyen d'une ficelle, un mouvement de rotation rapide au tore T autour de son axe YY' maintenu immobile, puis abandonnons l'appareil à lui-même sans impulsion. L'axe YY' restera immobile, comme la théorie l'indique, si le tore est exactement centré. Mais si nous fixons sur l'axe YY' une petite masse additionnelle m, de manière à porter le centre de gravité du tore un peu au-dessus ou un peu au-dessous du point fixe O, nous verrons l'anneau B tourner autour de la verticale XX', l'axe YY' conservant sensiblement une inclinaison constante sur cette verticale. Ce *mouvement de précession*, lent et régulier, de l'anneau B s'exécute d'ailleurs dans le sens qui nous a été donné par la théorie. Il change de sens si on place m en un point diamétralement opposé. La nutation ne devient sensible que lorsque le frottement a diminué ω_0 suffisamment ; alors ψ augmente visiblement de plus en plus.

Toupie de Foucault.

12. Poisson, dans un Mémoire remarquable (1), s'est occupé de la machine de Bohnenberger. Un calcul assez simple lui avait permis de retrouver dans les équations d'Euler toutes les particularités de cette curieuse expérience. Toutefois, les savants n'avaient pas, à ce qu'il semble, accordé aux effets de

---

(1) *Journal de l'École polytechnique*, 16ᵉ cahier, page 247.

la rotation d'un corps autour de son axe toute l'attention qu'ils méritent, lorsque les belles expériences de Foucault et de M. Sire, en 1852, ramenèrent sur cette intéressante question les études des physiciens et des géomètres.

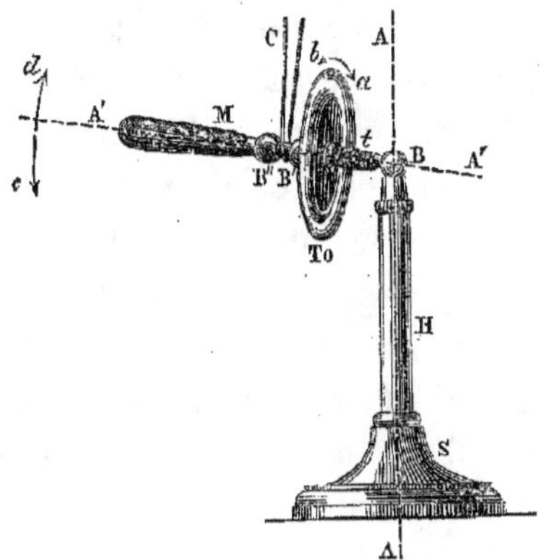

Figure 5.

La toupie de Foucault reproduit l'expérience de Bohnenberger d'une manière plus pittoresque et plus simple. Elle consiste en un tore t qui tourne facilement sur son axe A'A' comme une roue de voiture sur son essieu. Après avoir mis préalablement le tore en rotation rapide, on fait reposer dans une petite creusure, pratiquée au sommet d'un support H assez pesant, l'extrémité B de cet axe A'A', que l'on abandonne ensuite sans impulsion et dans une position à peu près horizontale. On voit alors le tore, loin de tomber, rester suspendu et tourner autour du point d'appui en conservant son inclinaison sur la verticale; cette rotation a d'ailleurs le sens voulu par la théorie. Rien ne peut rendre l'étonnement des personnes qui voient cette expérience pour la première fois.

Pour être sûr d'abandonner l'axe sans impulsion, on peut le soutenir par un fil C que l'on attache à un point fixe. L'axe reste d'abord parfaitement immobile, mais aussitôt qu'on brûle le fil il commence sa révolution autour du point d'appui.

On peut encore substituer au support H un fil attaché à l'extrémité B de l'axe. Si, tenant ce fil d'une main, de l'autre on place l'axe du tore horizontal et qu'on l'abandonne ensuite à lui-même, on voit aussitôt cet axe rester horizontal et tourner autour du fil.

Si l'on veut obtenir, d'une manière élégante, une inversion dans la rotation de l'axe, il faut attacher un fil à chaque extrémité de cet axe. On commence l'expérience d'une main avec un seul fil en laissant pendre librement le deuxième ; puis, lorsque le sens de la rotation de l'axe a été bien constaté, on saisit habilement au passage avec l'autre main ce deuxième fil, que l'on relève de façon à soutenir le tore avec lui ; au même instant on abandonne entièrement le premier fil ; immédiatement la rotation de l'axe change de sens. On peut renouveler ces inversions aussi longtemps que la rotation du tore est suffisamment rapide.

Balance de Fessel et Plucker.

13. Cette balance se compose d'un tore avec sa chape P' à laquelle est fixée une tige métallique T sur le prolongement de l'axe du tore. Cette tige traverse une pièce C' tournant autour d'un axe horizontal supporté par une petite fourchette. Cette fourchette se prolonge inférieurement par une tige cylindrique terminée en pivot et pouvant tourner sur elle-même à l'intérieur d'un pied massif S.

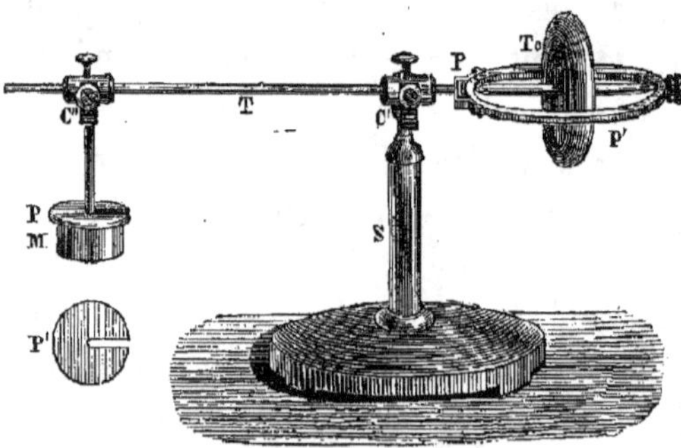

Figure 6.

Par cette disposition, l'axe du tore peut tourner autour du pied de l'appareil et basculer dans le plan vertical de ce pied, comme un fléau de balance.

La tige **T** porte une pièce **C″** que l'on fixe à l'aide d'une vis de pression. A cette pièce est accrochée une rondelle fixe en cuivre **M**. Deux autres rondelles plus légères **P, P′**, identiques entre elles, peuvent être ajoutées à volonté à **M**. La rondelle fixe plus une rondelle mobile **P** étant la charge de **C″**, on approche ou on éloigne cette pièce de **C′** de manière à mettre la tige **T** en équilibre et horizontale, puis on imprime au tore une rotation rapide.

1°. La tige **T** reste immobile tant qu'on ne touche pas à la charge de **C″**.

2°. Si on enlève la rondelle **P**, le centre de gravité du système passe à droite de **C′** et la tige **T** tourne aussitôt autour de **S** dans le sens théorique correspondant.

3° Si, au lieu d'enlever la rondelle **P**, on ajoute au contraire la rondelle **P′**, le centre de gravité du système passe à gauche de **C′** et la rotation de la tige s'exécute en sens contraire.

Cette inversion dans la rotation de l'axe du tore autour de la verticale d'appui peut être obtenue plus élégamment par la disposition suivante : A la place des poids **M, P, P′**, on accroche en **C″** un petit réservoir en métal rempli de fine grenaille de plomb et percé, au fond, d'une petite ouverture capable de laisser écouler lentement la grenaille.

Au commencement de l'expérience, lorsqu'on débouche l'ouverture du fond, la quantité de grenaille est telle que le centre de gravité du système se trouve à gauche de **C′**; l'axe du tore ou la tige **T** tourne alors dans un certain sens autour de **S**; mais la vitesse de ce mouvement de précession diminue peu à peu, à mesure que la grenaille s'écoule, et change de sens pour croître de plus en plus, aussitôt que le centre de gravité, qui se déplace de **C″** vers **C′**, franchit ce dernier point pour s'en éloigner de plus en plus.

Appareil de Henri Robert.

14. C'est ici le lieu de parler d'un petit appareil fort ingénieux, dû à H. Robert, à l'aide duquel les inversions s'obtiennent aussi par un déplacement du centre de gravité. Il y a trois parties distinctes.

1°. Un cône tronqué T, en laiton, évidé à l'intérieur. 2°. L'axe en acier Pp du cône, traversant ce cône avec lequel il fait corps, et terminé inférieurement par une pointe P. 3°. Une masse mobile ou curseur i, qui peut glisser à frottement sur la partie Ap de l'axe.

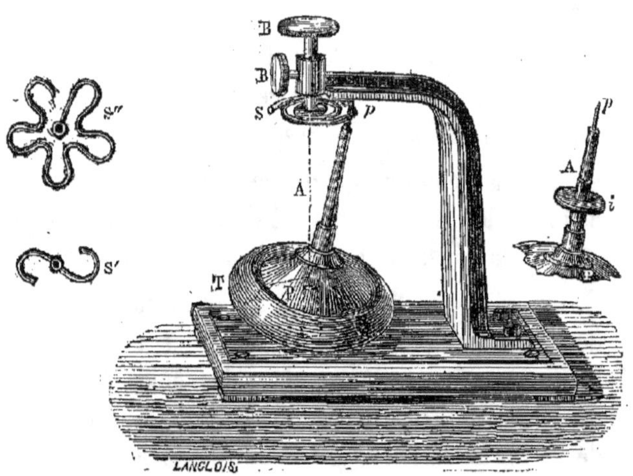

Figure 7.

Pour mettre cet appareil en rotation on pose la pointe P dans la creusure d'un petit support et on soutient momentanément la pointe p en appuyant sur elle une pièce quelconque lui offrant une petite crapaudine. On déroule ensuite une ficelle préalablement enroulée sur l'axe, et on abandonne cet axe sans impulsion, en toute liberté autour du point P (1).

(1) De la figure ci-dessus enlevez par la pensée le contour S, dont nous verrons plus tard l'emploi, et tout ce qui pourrait gêner le mouvement de Pp autour de P.

En faisant varier la position du curseur i, on a d'ailleurs amené le centre de gravité de l'appareil à coïncider avec la pointe P ou à se placer soit au-dessus soit au-dessous de cette pointe.

Dans le premier cas, l'axe Pp reste immobile, quelle que soit son inclinaison initiale sur la verticale ; dans le deuxième il tourne autour de la pointe P, dans un certain sens prévu par notre théorie, décrivant en moyenne un cône de révolution autour de la verticale de cette pointe ; dans le troisième cas, il tourne en sens contraire. D'ailleurs la vitesse de cette rotation croît avec la distance à la pointe P du centre de gravité du système.

Pendule polygonal de M. Gruey.

15. Aucune des dispositions précédentes ne permet d'observer ce qui se passe lorsque la rotation initiale du tore cesse d'être très-grande ou lorsque la distance de son centre de gravité au point fixe est assez considérable.

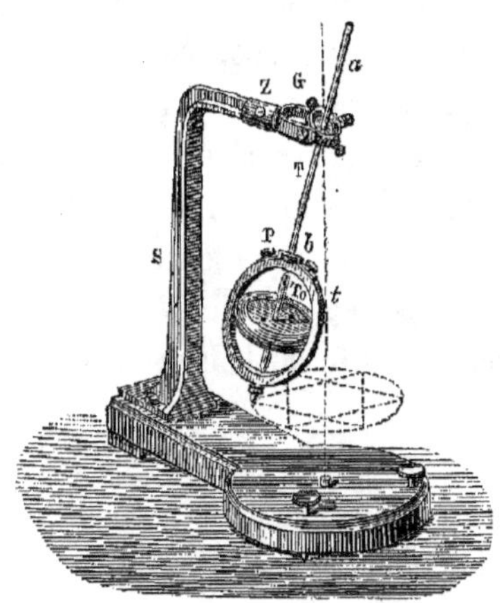

Figure 8.

Alors, en effet, la partie mobile de l'instrument se détache du pied et tombe si elle n'a qu'un point d'appui, ou bien elle est arrêtée par ce pied si elle a un point réellement fixe.

On obvie à cet inconvénient en armant la chape du tore d'une longue tige métallique ab, dirigée suivant le prolongement de l'axe du tore, et suspendant cette tige à la cardan par un de ses points, pour lui permettre de prendre toutes les positions possibles dans l'espace. Ce point de suspension peut d'ailleurs être choisi à volonté sur la tige ab, à une distance plus ou moins grande du centre du tore.

Avec ce nouveau dispositif on observe facilement la forme du mouvement, quel que soit ω_0, et on constate des détails intéressants, corollaires de la théorie générale, mais non remarqués jusqu'ici, parce que les analystes n'avaient pas appelé l'attention sur eux.

1°. La tige ab étant inclinée d'un angle quelconque, soit 40°, sur la verticale et le tore ayant reçu une assez bonne vitesse ω_0 de rotation autour de son axe, on abandonne tout le système sans impulsion. On voit alors l'extrémité inférieure du pendule décrire sensiblement un polygone sphérique ou mieux une *ligne sphérique, régulière, brisée et étoilée*, ayant pour axe la verticale du point de suspension et dans le sens prévu par la loi générale et unique énoncée au n° 4. C'est la réalisation du cas auquel se rapporte la figure 2.

2°. Si, toutes choses égales d'ailleurs, on répète cette expérience pour des valeurs de ω_0 de plus en plus faibles, on voit les côtés de la ligne brisée se rapprocher de plus en plus de la verticale du point de suspension; on a vu en effet, n° 5, que le rayon ρ_1 du cercle limite de la courbe diminue de plus en plus.

Lorsque ω_0 est assez faible, les côtés de la ligne brisée sont sensiblement des arcs de cercle dont les plans semblent contenir la verticale du point de suspension.

On a alors, en toute apparence, *un pendule circulaire dont le plan d'oscillation tourne autour de la verticale du point fixe, dans le sens même de la rotation du tore*. Ce résultat est évident sur la figure 2, lorsqu'on y suppose ρ_1 infiniment petit.

§ III.

APPENDICE.

Théorie de la Toupie vulgaire.

16. Ce jouet des enfants, la *Toupie vulgaire*, est un solide de révolution, homogène et pesant, reposant sur un plan horizontal par l'extrémité de son axe taillée en pointe. C'est le plus ancien, le plus simple et non le moins curieux des appareils gyroscopiques. Il ne tombe pas sous le titre de la présente section, mais, comme sa théorie se ramène facilement à celle qui fait l'objet de notre premier paragraphe, nous avons dû le placer ici en appendice.

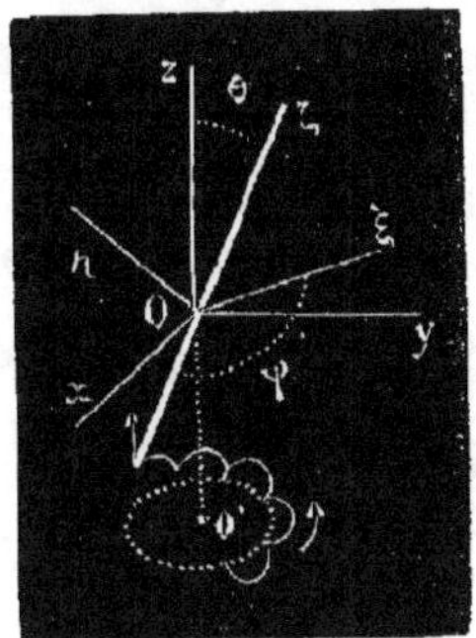

Figure 9.

Décomposons le mouvement en deux autres : celui du centre de gravité O et celui de la toupie autour de ce point. Pour cela, par le point O menons trois axes rectangulaires de directions invariables, Ox, Oy, Oz, le dernier verticalement de bas en haut ; et rapportons à ces axes le mouvement de la toupie autour de O en conservant les notations du premier paragraphe, comme si le point O était fixe. Pour direction de la droite $O\zeta$ prenons celle de la droite IO allant du point d'appui I au centre de gravité O de la toupie et désignons par l la distance IO. Négligeons le frottement et supposons que le mouvement initial autour de O se réduise à une rotation ω_0 autour de $O\zeta$.

1°. *Mouvement du centre de gravité.* La projection horizontale O' du centre de gravité O, a un mouvement rectiligne et uniforme, puisque les deux forces qui sollicitent la toupie, son poids mg et la réaction N du plan d'appui sont verticales.

Le mouvement de O, dans le sens vertical est donné par l'équation :

$$m \cdot \frac{d^2\,(l\cos\theta)}{dt^2} = N - mg$$

$l\cos\theta$ représentant la hauteur de O au-dessus du plan horizontal.

2°. *Mouvement autour du centre de gravité.* On a ici évidemment :

$$L = N \; l \sin\theta = m\left(g + l\,\frac{d^2\cos\theta}{dt^2}\right) l\sin\theta$$

$$M = 0$$

$$N = 0$$

D'ailleurs, on vérifie facilement que :

$$L\theta = - \frac{d}{dt}\left(mgl\cos\theta + \frac{ml^2}{2} \cdot \sin^2\theta \cdot \theta^2\right)$$

Par suite, les équations (3) de l'Avant-Propos, à cause de l'hypothèse $\theta_0 = 0$, $\Psi_0 = 0$, donnent :

$$\left\{\begin{aligned}
A\,(\theta^2 + \Psi^2 \sin^2\theta) &= 2mgl(\cos\theta_0 - \cos\theta) - ml^2\,\theta^2 \sin^2\theta \\
A\Psi \sin^2\theta &= C\omega_0\,(\cos\theta_0 - \cos\theta) \\
n + \Psi\cos\theta &= \omega_0
\end{aligned}\right.$$

relations analogues à celles du n° 1 § 1 et qu'on traitera de la même manière : on éliminera ψ entre les deux premières et si dans l'équation résultante on introduit la hauteur z du centre de gravité au-dessus du plan horizontal en posant $z = l\cos\theta$, on obtiendra sans difficulté la relation :

$$dt = \pm \frac{\sqrt{A\,(A + ml^2\sin^2\theta)}}{\sqrt{T\,(z_0 - z)}}\,dz$$

où le dénominateur est le même que dans l'équation (3) du § I. Par conséquent la discussion sera la même et il est inutile de la recommencer ; nous en formulerons seulement les résultats principaux.

L'axe de la toupie tourne constamment autour de Oz dans le sens de la rotation initiale ω_0 autour de $O\zeta$.

Regardant comme fixe la projection O' du centre de gravité sur le plan horizontal d'appui, on voit la pointe de la toupie tracer sur ce plan une suite indéfinie d'arcs égaux, tangents à une circonférence de centre O' et normaux à une autre circonférence concentrique de rayon moindre.

DEUXIÈME SECTION

—

Les Culbuteurs et les rotations périmétriques.

———

§ I.

CONSIDÉRATIONS GÉNÉRALES.

———

17. Revenons un instant aux appareils de la première section pour remarquer des détails, d'ailleurs fort intéressants, qui nous conduiront à des appareils d'un nouveau genre.

Considérons l'appareil de Bohnenberger (figure 4). Enlevons la masse additionnelle m, pour avoir un tore suspendu par son centre de gravité O, ou soustrait à la pesanteur ; et imaginons qu'en un point I pris sur l'axe du tore, à une distance l de O, agisse une force quelconque dont les composantes parallèles à $O\xi$, $O\eta$, sont représentées par X, Y. Il est inutile de considérer la composante Z de cette force, suivant l'axe de figure OI du tore, parce que Z serait détruite par le point fixe O ; nous supposons donc que $Z = 0$; prenons la direction OI pour celle de l'axe $O\zeta$ et supposons que le mouvement initial se réduise à une rotation ω_0 autour de $O\zeta$.

La rotation initiale du tore étant très-grande, on peut négliger, dans une première approximation, les termes des équations de M. Résal qui ne contiennent pas n en facteur. On a alors pour le mouvement du tore les relations :

$$\left\{ \begin{aligned} Cn\psi\sin\theta &= -Yl \\ Cn\Theta &= -Xl \\ \frac{dn}{dt} &= 0 \end{aligned} \right.$$

On voit par ces formules que n est constant et égal à ω_0, que Θ, indépendant de Y, est proportionnel à X; mais que ψ dépend à la fois de X et Y. Examinons deux cas importants :

1°. $X = 0$: alors $\Theta = 0$ et $\Psi = -\dfrac{l}{C\omega_0 \sin\theta_0} \cdot Y$.

Il n'y a pas de nutation, mais une précession proportionnelle à Y et dont le sens dépend du signe de $\dfrac{Y}{\omega_0}$ *Ce sens est tel que l'axe de la rotation ω_0 se déplace du côté de l'axe du moment de Y relatif au point O.*

On réalise ce cas en replaçant le petit poids m sur l'axe du tore ou en agissant avec le doigt pour faire basculer le cercle C de l'appareil autour de son axe horizontal. On n'obtient pas le mouvement de bascule qu'on cherche à produire ; ce cercle résiste énergiquement et θ reste constant; mais on obtient un mouvement de précession dont le sens dépend d'ailleurs du signe de $\dfrac{Y}{n}$ C'est l'expérience même de Bohnenberger.

Si, au moyen d'un goujon, le cercle B avait été préalablement rendu solidaire du cercle A, c'est-à-dire immobilisé, on n'aurait éprouvé aucune difficulté à faire basculer le cercle C autour de son axe horizontal.

En effet, dans cette hypothèse ψ est rendu invariable et il faut faire $\Psi = 0$ dans les équations de M. Résal. La 1re de ces équations donne donc alors rigoureusement.

$$A \frac{d\Theta}{dt} = -Yl$$

et montre que le cercle C bascule comme si le tore ne tournait pas.

L'expérience devient très-piquante, si, mettant et ôtant le goujon plusieurs fois de suite, on s'assure à chaque fois que la rotation du cercle intérieur autour de son axe horizontal est alternativement possible ou non.

2°. $Y = 0$: alors $\Psi = 0$ et $\Theta = -\dfrac{l}{C\omega_0}X$.

Il n'y a pas de précession, mais une nutation proportionnelle à X et dont le sens dépend du signe de $\dfrac{X}{\omega_0}$. *Ce sens est tel que l'axe de la rotation ω_0 se déplace du côté de l'axe du moment de X relatif au point O.*

On réalise ce cas en essayant de faire tourner le cercle B autour de son axe vertical. Ce cercle résiste et reste immobile, mais on voit aussitôt l'axe du tore et le cercle C tourner autour de X″X‴ dans un sens déterminé par le signe de $\dfrac{X}{\omega_0}$. Nous tenons ici le principe des appareils culbuteurs.

Si, au moyen d'un goujon, le cercle B avait été relié invariablement au cercle C sous un angle quelconque, droit par exemple, on n'aurait éprouvé aucune difficulté à faire tourner le premier cercle autour de son axe vertical.

En effet, dans l'hypothèse actuelle, θ est rendu invariable et, si on fait $\Theta = 0$ dans les équations de M. Résal, la deuxième donne rigoureusement :

$$A\sin\theta_0 \; \frac{d\Psi}{dt} = Xl$$

ce qui montre que la rotation n du tore n'exerce aucune influence sur celle du cercle B autour de son axe vertical.

L'expérience devient très-curieuse si, mettant et ôtant le goujon plusieurs fois de suite, on s'assure à chaque fois que la rotation du cercle B autour de son axe vertical est alternativement possible ou non.

Les deux expériences précédentes, l'emploi du goujon étant écarté, et les équations qui les expliquent se résument dans le principe suivant dû à Foucault.

L'axe d'un tore en rotation rapide ω_0 étant au repos, mais mobile en tous sens autour d'un de ses points O rendu fixe ; si une force vient à agir sur cet axe, elle déplace autour de O l'axe de ω_0 dans le sens de l'axe de la rotation qu'elle produirait si le tore ne tournait pas.

18. Des considérations, analogues à celles que nous venons

de développer rapidement, montrent avec la même facilité qu'un frottement X ou Y s'exerçant de la part d'une courbe fixe, sur l'axe du tore, parallèlement à $O\xi$ ou $O\eta$, ferait varier exclusivement θ ou ψ ; elles conduisent à la conception des appareils dits à rotations périmétriques.

§ II.

LES CULBUTEURS.

Culbuteur de Hardy.

Description.

19. Cet appareil diffère à peine de celui de Bohnenberger. Un cercle extérieur C peut tourner autour de son diamètre vertical, sur pivots dont les crapaudines sont fixées aux pieds de l'instrument. Un deuxième cercle C', intérieur au premier,

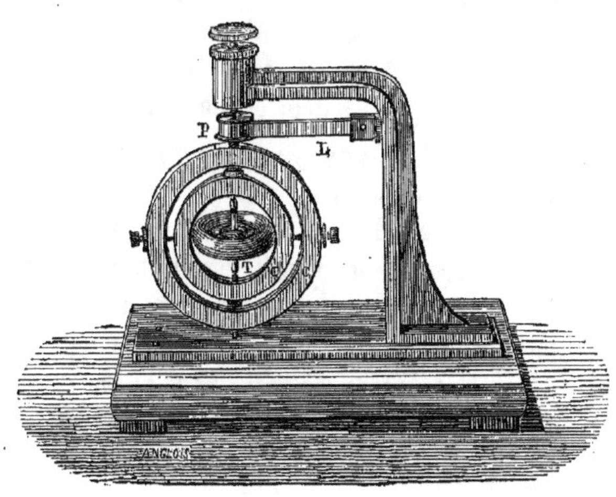

Figure 10.

peut tourner autour d'un diamètre horizontal qui lui est commun avec l'anneau C sur lequel il s'appuie ; enfin, perpendiculairement à ce diamètre, le deuxième anneau porte l'axe de rotation du tore. Sur l'axe de rotation vertical du cercle extérieur est rivée une petite poulie P, sur laquelle s'enroule tantôt dans un sens tantôt dans l'autre une lanière de caoutchouc L, fixée au support et à la poulie par ses extrémités.

Si, lorsque le tore n'est pas en rotation, on fait tourner à la main le cercle extérieur de manière à enrouler la bande de caoutchouc de deux ou trois tours sur la poulie, et qu'on l'abandonne ensuite à lui-même, la force rétractile du caoutchouc fait tourner l'appareil en sens contraire avec une certaine intensité. La vitesse acquise fait dépasser la position d'équilibre et enroule le caoutchouc en sens contraire, jusqu'à ce que la tension de la bande ait annulé cette vitesse; à ce moment la rotation du système change encore de sens et ainsi de suite.

Il n'en est plus de même lorsque, toutes choses égales d'ailleurs, le tore a été mis préalablement en rotation. La bande de caoutchouc ayant été enroulée sur la poulie P et l'axe du tore étant par exemple horizontal, si on abandonne l'appareil à lui-même, le cercle C n'obéit pas de suite à la traction du caoutchouc; il reste immobile pendant que le cercle C', portant le tore, tourne autour de son diamètre horizontal, jusqu'à ce que l'axe du tore soit devenu vertical, et de telle façon que la rotation du tore et celle que le caoutchouc tend à produire sur le cercle C soient alors de même sens. A ce moment, le cercle C commence à obéir brusquement à l'action du caoutchouc et acquiert une certaine vitesse de rotation, qui diminue ensuite à mesure que le caoutchouc se tend de plus en plus en s'enroulant en sens contraire sur la poulie P.

Lorsque la vitesse acquise précédente est annulée, le cercle extérieur tend à tourner sous l'influence du caoutchouc dans un certain sens, tandis que le tore est animé d'une rotation en sens contraire. Or, ce cercle ne cède pas à l'action du caoutchouc, il reste complétement immobile; mais on voit l'axe de rotation du tore *culbuter*, c'est-à-dire tourner de 180°. A ce moment seulement le cercle C cède de nouveau au caoutchouc, qui se tend encore pour produire l'instant d'après le même effet et ainsi de suite.

20. J'ai eu plusieurs fois l'occasion, dans mes conférences aux élèves de la Faculté des Sciences de Clermont, de simplifier le dispositif de Hardy. Je supprime la poulie P et la bande de caoutchouc L. Je fixe sur le cercle extérieur C, au point où se trouvait la poulie, l'extrémité d'un fil ou d'un tube étroit en caoutchouc et j'attache l'autre extrémité à un support quelconque S.

Figure 11.

Le système des cercles et du tore est ainsi suspendu à un fil vertical. Une torsion initiale de ce fil remplace la tension initiale de la lanière supprimée, et les phénomènes du culbuteur Hardy se produisent avec une netteté parfaite, sans que le fil et le cercle extérieur cessent d'être verticaux.

Le cercle C est d'abord immobile pendant que le cercle C' culbute; après cette première culbute, les cercles C et C' étant dans le même plan vertical, le fil se détord complétement et se tord en sens contraire, entraînant les deux cercles dans une rotation commune autour de leur diamètre vertical qui est sur le prolongement même du fil. Aussitôt que cette torsion contraire est achevée une nouvelle culbute commence et ainsi de suite.

Théorie.

21. La théorie rend compte aisément des phénomènes que

nous venons de décrire. Supposons que nous ayons affaire au dispositif même de Hardy, représenté par la figure (10) et négligeons les masses des deux cercles ainsi que les frottements.

Soit O le centre commun des cercles et du tore, Oz l'axe vertical de rotation du cercle C, pris de bas en haut. $O\zeta$ est comme toujours dirigé suivant l'axe du tore et fait l'angle θ avec Oz. L'intersection de l'équateur du tore avec le plan xoy est une ligne fixe à l'intérieur des cercles, qui coïncide avec l'axe de rotation du cercle C'. Nous prendrons pour $O\xi$, la partie de cette ligne qui est à gauche de O, pour l'observateur couché sur Oz, les pieds en O la tête z et regardant $O\zeta$; dès lors $O\eta$ fera toujours un angle aigu avec Oz, pendant la culbute considérée.

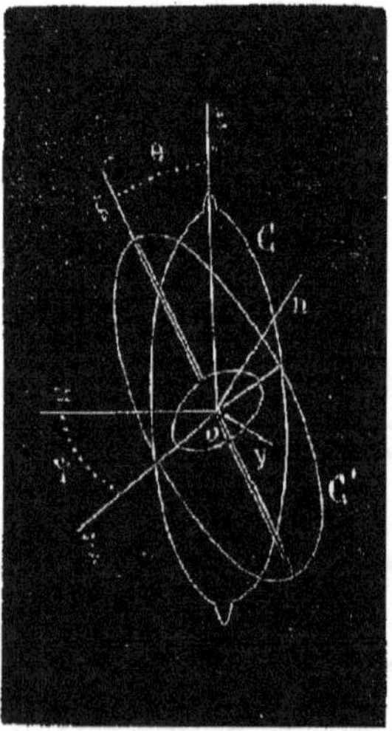

Figure 12.

Soit F la tension du caoutchouc et k son moment relatif à Oz. On peut évidemment remplacer la force F par un couple k, d'axe Oz, appliqué aux extrémités du diamètre horizontal du cercle C'. D'ailleurs, la liaison qui assujettit ce diamètre à rester constamment dans le plan horizontal fixe xOy peut être remplacée par un couple h dont l'axe serait horizontal et perpendiculaire à ce diamètre. De telle sorte que le cercle C' peut être considéré comme n'ayant que le seul point fixe O, autour duquel il est sollicité par les couples k, h et les réactions du tore. Or ces réactions, exercées par les extrémités de l'axe du tore, donnent, relativement au point O, un couple résultant τ dont l'axe est évidemment perpendiculaire à l'axe du tore.

Le mouvement du cercle C', dont la masse est regardée comme nulle, étant fini, les trois couples, k, h, τ sont en équilibre : en d'autres termes, le couple τ', égal et contraire à τ, qui agit effectivement sur l'axe du tore est le résultant des couples h et k ; son axe est donc dans le plan $zO\zeta$, et comme il était déjà perpendiculaire à $O\zeta$, il tombe sur On. D'ailleurs, h et k étant rectangulaires, la loi du parallélogramme des couples donne immédiatement : $\tau' = \dfrac{k}{\sin\theta}$.

τ' change de signe en passant par l'infini lorsque l'axe du tore passe par la verticale. Alors τ est horizontal et détruit par le plan fixe xOy.

Les sommes des moments des forces sollicitant l'axe du tore, relativement à $O\xi$, On, $O\zeta$, sont les projections de τ' sur ces axes. On a donc.

$$L = 0, \qquad M = \frac{k}{\sin\theta}, \qquad N = 0,$$

et les équations de M. Résal, réduites aux termes prépondérants qui contiennent en facteur n supposé très-grand, donnent pour le mouvement cherché :

$$(1) \qquad \left\{ \begin{aligned} & Cn\psi\sin\theta = 0 \\ & Cn\theta = -\frac{k}{\sin\theta} \\ & \frac{dn}{dt} = 0 \end{aligned} \right.$$

22. La troisième équation montre que n est constant. La première exige $\psi = 0$ ou $\sin\theta = 0$; mais cette dernière hypothèse est impossible, car la deuxième équation donne $d(\cos\theta) = \dfrac{k}{Cn}\, dt$ et montre que θ est variable.

Ainsi n et ψ sont constants et par suite aussi k qui ne dépend que de ψ. On aura donc finalement :

$$\begin{cases} n = \omega_0 \\ \psi = \psi_0 \\ \cos\theta = \cos\theta_0 + \dfrac{k}{C\omega_0}\,t \end{cases}$$

en supposant que le mouvement initial du tore est une rotation ω_0 autour de $O\zeta$ et que ψ_0 est l'azimut initial du cercle extérieur C.

Les deux premières formules montrent que la rotation propre du tore et la position du cercle extérieur sont invariables. La troisième montre que θ diminue ou augmente suivant que k et ω_0 sont de même signe ou de signe contraire, c'est-à-dire que le cercle C' bascule autour de son axe horizontal et de tel côté que lorsque l'axe du tore est vertical, la rotation de ce tore et le couple k sont de même sens autour de Oz.

La vitesse angulaire de culbute Θ est très-faible, au moins tant que l'axe du tore n'est pas vertical parce que n est très-grand. Lorsque l'axe du tore a atteint la verticale il s'y fixe presque instantanément comme dans une position d'équilibre stable, car s'il la dépasse à peine en vertu de sa faible vitesse acquise, il y est ramené aussitôt par le couple k, conformément à ce que nous venons de dire.

L'époque t_1 de la verticalité de l'axe du tore correspond à la valeur ± 1 de $\cos\theta$ et par suite :

$$t_1 = (\pm 1 - \cos\theta_0) \cdot \frac{C\omega_0}{k}$$

où on doit prendre le signe $+$ ou le signe $-$ selon que $\dfrac{\omega_0}{k}$ est positif ou négatif.

Si la position initiale du tore était déjà verticale, la culbute serait complète à l'époque t_1 et aurait eu une durée égale à la valeur absolue de $\dfrac{2C\omega_0}{k}$.

A partir de l'époque t_1, la formule qui fournit $\cos\theta$ cesse
d'être applicable, car pour $t > t_1$ elle donnerait $\cos\theta > 1$ en
valeur absolue. Le mouvement de l'appareil change alors effectivement de nature, parce que la force F du caoutchouc est sans
action sur l'axe du tore devenu vertical et se borne à faire tourner les deux cercles autour de leur diamètre vertical commun.
Le caoutchouc se déroule donc, puis s'enroule de la même
quantité en sens contraire. Au commencement de cette rotation il se produit un choc entre les diverses pièces de l'appareil, témoignant de la discontinuité qui se produit dans la loi
du mouvement ; à la fin de cette rotation, un autre choc
annonce une nouvelle discontinuité, une nouvelle culbute du
cercle C′ et l'immobilité simultanée du cercle C.

Au commencement d'une de ces culbutes successives, lorsque le cercle extérieur vient de s'arrêter un peu brusquement,
si l'axe du tore était rigoureusement vertical, il resterait dans
cette position en équilibre instable, l'appareil étant supposé
parfait. Mais comme $O\zeta$ est toujours alors un peu à droite ou
à gauche de Oz, l'axe du tore culbute d'un côté ou de l'autre
sans qu'on puisse déterminer ce côté *à priori* par la théorie.
En effet, k étant donné, $\cos\theta$ varie de la même manière pour
la même valeur absolue de θ_o, c'est-à-dire que l'axe $O\zeta$ tourne
dans un sens ou dans l'autre suivant qu'à l'époque initiale
il est d'un côté ou de l'autre de Oz.

Culbuteur de M. Gruey.

23. On pourrait nommer le culbuteur de **M. Hardy**, culbuteur discontinu, puisque les culbutes successives du cercle C′
n'ont pas nécessairement lieu dans le même sens par rapport
au cercle C, et que de plus elles sont séparées par la durée que
met le caoutchouc à se dérouler et à s'enrouler en sens contraire sur la poulie.

Toute discontinuité disparaîtrait si cette durée était réduite
à zéro, c'est-à-dire si à chacun des instants précis où l'axe du
tore achève une culbute et devient vertical, il y avait un change-

ment dans le sens de la rotation que la force appliquée au cercle extérieur tend à lui imprimer autour de son diamètre vertical.

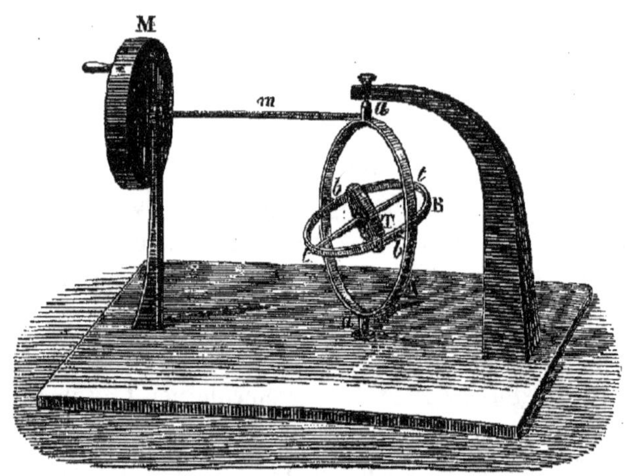

Figure 15.

En effet, dans cette hypothèse, l'axe du tore arrive à la verticale avec une petite vitesse acquise, qui lui permet de franchir cette position à laquelle il ne sera pas rappelé mais dont il s'éloignera au contraire de plus en plus, parce que le couple k s'est changé en un autre directement opposé au moment même du passage de l'axe du tore par la verticale. Il résulte aussi de ce changement du couple k que le cercle extérieur C reste immobile pendant que le cercle C' culbute indéfiniment et toujours dans le même sens.

Il est facile de vérifier expérimentalement le raisonnement que nous venons de faire en supprimant la lanière du culbuteur Hardy et en essayant de faire tourner à la main le cercle extérieur après avoir mis le tore en rotation. Le cercle extérieur résiste et reste immobile, comme nous le savons, tandis que le cercle intérieur culbute. Si à chaque instant précis où l'axe du tore devient vertical on change le sens de l'effort exercé par la main sur le cercle extérieur, ce cercle continue à rester à peu près immobile et le cercle intérieur à tourner toujours dans le même sens sans discontinuité.

Pour produire sûrement et avec régularité la rotation du cercle intérieur B (fig. 13) autour de son diamètre horizontal bb et la rendre surtout très-rapide pendant l'immobilité presque complète du cercle extérieur A, j'ai adopté la disposition suivante :

Une tige horizontale m part de l'anneau extérieur A, auquel elle est liée invariablement, et se termine par un petit galet ; ce galet s'engage à frottement doux dans la rainure, régulièrement ondulée, que présente sur sa circonférence un tambour M, dont l'axe repose sur le pied de l'instrument. En tournant ce tambour à la main, au moyen d'un bouton, on communique à la tige m et par suite à l'anneau A de très-petites oscillations, invisibles à l'œil lorsqu'elles sont très-rapides, de telle sorte que l'anneau A et l'axe de rotation bb de l'anneau intérieur B paraissent immobiles.

Le tore T ayant reçu une rotation initiale rapide autour de son axe tt, une main un peu exercée parvient facilement et à coup sûr, après 8 ou 10 tours du tambour M, à donner à B une rotation énergique autour de bb, de 50 à 60 tours par seconde.

Pour bien réussir cette expérience, il faut faire tourner le tambour M d'abord lentement, puis graduellement de plus en plus vite, en se laissant guider par la résistance croissante que la main éprouve, résistance que l'on doit vaincre sans hésitation et sans brutalité. De cette manière, la rotation de B s'accélère rapidement tant que le tore tourne autour de son axe. Mais cette rotation propre du tore s'éteint promptement à cause des réactions considérables qui naissent avec frottement entre les pointes de l'axe et ses crapaudines ; aussitôt qu'elle est à peu près éteinte, la résistance éprouvée par la main cesse presque subitement. Dès lors, il est inutile de continuer à tourner le tambour, car la rotation de B ne s'accélère plus. On abandonne à lui-même l'appareil, et les résistances passives réduisent peu à peu jusqu'à zéro la vitesse maxima que l'on vient d'obtenir pour la rotation de l'anneau intérieur.

Il est clair que la théorie élémentaire que nous avons donnée du culbuteur de M. Hardy et que les équations (1) qui en découlent s'appliquent exactement au culbuteur actuel. La seule différence porte sur la nature de k. — Dans le culbuteur de M. Hardy k, dépendant de ψ, est constant pendant toute la durée d'une culbute. — Dans le nôtre k dépend uniquement de la main de l'opérateur et peut augmenter ou diminuer à volonté, ce qui fait seulement varier la vitesse de rotation du cercle intérieur sans altérer l'immobilité du cercle extérieur. Mais l'opérateur en agissant d'une manière continue doit veiller essentiellement à ce que k change de signe et par suite s'annule, à chaque passage de l'axe du tore par la verticale ; ce qu'il réalise facilement avec un peu d'habitude, en procédant comme je l'ai dit plus haut.

La deuxième équation (1) donne immédiatement la forme analytique que l'opérateur devrait imposer à k, pour que la vitesse de rotation Θ du cercle intérieur fût une fonction donnée de θ. Si on veut par exemple que cette vitesse soit constante et égale à V, il faut régir k suivant la formule :

$$k = -\, C\omega_0 V \sin\theta$$

24. *Remarque sur la construction de l'appareil.* On est

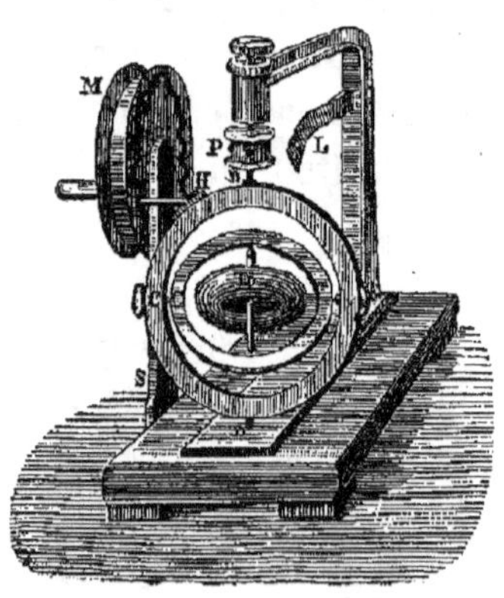

Figure 14.

obligé de donner à la tige m une certaine longueur et par là ordinairement une certaine flexibilité, si on la fixe sur l'axe de rotation du cercle extérieur comme le suppose la figure (13) considérée jusqu'ici.

Cette flexibilité étant contraire à la bonne marche de l'appareil, il vaut mieux attaquer le cercle extérieur par une tige très-courte fixée sur sa circonférence comme l'indique la figure (14) ci-jointe.

§ III.

ROTATIONS PÉRIMÉTRIQUES.

—

25. Sur l'appareil de **M. H.** Robert, précédemment décrit (figure 7), **M.** Sire a fait une remarque intéressante.

Si, pendant que l'appareil tourne et exécute son mouvement de précession, on approche de l'extrémité supérieure de l'axe de rotation, un corps solide tel qu'un crayon ou une règle, mieux encore un fil de fer S contourné d'une manière quelconque, on voit aussitôt l'axe de rotation s'appliquer contre ce corps et en parcourir indéfiniment tout le profil ou périmètre, comme s'il en éprouvait une attraction magnétique.

La même observation peut se faire sur une toupie quelconque dont l'axe possède comme l'appareil Robert un point fixe O.

La raison de ce fait curieux s'aperçoit aisément. Au contact entre l'axe du tore et le périmètre qu'on lui présente, il se développe un frottement perpendiculaire à la direction de l'axe (1) ; l'effet immédiat de ce frottement est d'appliquer l'axe du tore contre le profil, conformément au principe du n° 17. Il en résulte une réaction du profil sur l'axe suivant la normale commune à leurs surfaces au point de contact, réaction qui, en vertu du même principe, produit un mouvement de l'axe tangentiellement au profil et dans le sens du frottement dû à la rotation propre du tore.

Mais si l'on veut aller plus loin et chercher à déterminer la loi du mouvement, on rencontre en général des difficultés

—

(1) Le lecteur est prié de faire une figure.

d'intégration insurmontables. Dans le cas particulier où l'objet présenté à l'axe du tore est une plaque horizontale circulaire ayant son centre sur la verticale du point fixe O, M. Résal (1) a donné une solution complète que nous allons reproduire, en modifiant la mise en équations.

Rotations périmétriques circulaires.

26. Prenons pour axe Oz la verticale du point fixe O, menée de bas en haut, et sur laquelle se trouve le centre du périmètre circulaire et horizontal ϖ.

Soient : $O\zeta$ la direction de l'axe cylindrique du tore ; α son inclinaison sur Oz lorsqu'il touche le périmètre en m ; a le rayon mu de sa section circulaire menée par le point m ; et b la distance Ou de cette section au point O.

l la distance du point O au centre de gravité G du tore, prise *positivement* ou *négativement* suivant que G est au-dessus ou au-dessous de O ; P le poids du tore et μ le produit Pl.

R la réaction du profil, parallèle à On ; Rf le frottement

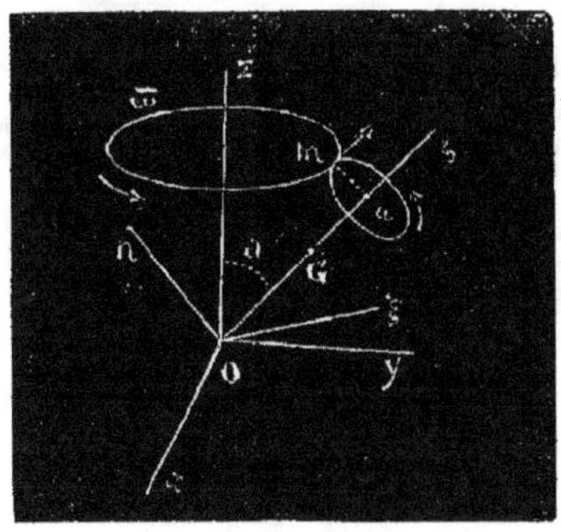

Figure 15.

correspondant, parallèle à $O\xi$. Si la rotation initiale du tore

(1) Cinématique de M. Résal, page 365.

autour de $O\zeta$ est positive, comme le suppose la figure, nous pouvons prendre $O\xi$ de même sens que Rf et $O\eta$ de sens contraire à R.

Les quantités que nous venons de définir f, μ, α, a, b sont des constantes.

Pendant toute la durée du phénomène, c'est-à-dire du contact du profil avec l'axe du tore, on a : $\theta = \alpha$ et par suite $\Theta = 0$. Les trois équations du mouvement sont donc

$$(1) \quad \begin{cases} (C - A)\,\Psi^2 \sin\alpha \cos\alpha + Cn\,\Psi \sin\alpha = L \\[2mm] A \sin\alpha \; \dfrac{d\Psi}{dt} = M \\[2mm] C\,\dfrac{d(n + \Psi \cos\alpha)}{dt} = N \end{cases}$$

en vertu des formules (1) de l'Avant-Propos.

d'ailleurs

$$(2) \quad \begin{cases} p = 0 \\ q = \Psi \sin\alpha \\ r = n + \Psi \cos\alpha \end{cases}$$

mais les forces qui sollicitent le corps, autour de O, sont : P, R, Rf; on a donc :

$$(3) \quad \begin{cases} L = \mu \sin\alpha + Rb \\ M = Rf\,b \\ N = -\,Rf\,a \end{cases}$$

Les équations (1) déterminent les trois inconnues Ψ, n, R, pendant la durée du phénomène.

27. Si entre les deux dernières équations (1), on élimine Rf, on a la relation :

$$\frac{A}{b} \cdot \sin\alpha \cdot \frac{d\Psi}{dt} + \frac{C}{a} \cdot \frac{d(n + \Psi \cos\alpha)}{dt} = 0$$

qui donne par son intégration immédiate :

$$(4) \quad \frac{A}{b} \, \Psi \sin \alpha \; + \; \frac{C}{a} \, (n + \Psi \cos \alpha) = \beta$$

β étant une constante que nous déterminerons plus loin.

La première équation (1) peut s'écrire :

$$C \, \Psi \sin \alpha \, (n + \Psi \cos \alpha) - A \, \Psi^2 \sin \alpha \cos \alpha = \mu \sin \alpha + R b$$

Si dans cette équation, on remplace $(n + \Psi \cos \alpha)$ par sa valeur tirée de (4) et Rb par sa valeur tirée de la deuxième équation (1), on a :

$$C \, \Psi \sin \alpha \left(\beta - \frac{A}{b} \, \Psi \sin \alpha. \right) \frac{a}{C} - A \, \Psi^2 . \sin \alpha \cos \alpha$$

$$= \mu \sin \alpha + \frac{A}{f} . \sin \alpha . \frac{d\Psi}{dt} .$$

ou puisque

$$\Psi \sin \alpha = q,$$

$$a . q \left(\beta - \frac{A}{b} \, q \right) - A \, q^2 \cot \alpha - \mu \sin \alpha = \frac{A}{f} . \frac{dq}{dt}$$

d'où, en négligeant $\frac{a}{b}$ qui est une petite fraction :

$$(5) \quad \frac{f}{A} . \, dt = \frac{dq}{- \mu \sin \alpha + q \, (a \, \beta - q \, A \cot \alpha)}$$

On voit que la question est ramenée à intégrer une fraction rationnelle du second degré ; car l'équation (5) ayant donné q en fonction de t, les deuxièmes équations des systèmes (2) et (1) donneront successivement Ψ et R, puis l'équation (4) donnera n.

28. Or, pour que la tige cylindrique s'appuie constamment sur le profil directeur, il faut que R soit positif; mais la deuxième équation (1) donne :

$$ \mathrm{R} = \frac{\mathrm{M}}{bf} = \frac{\mathrm{A}\sin_\alpha}{bf}\frac{d\Psi}{dt} = \frac{\mathrm{A}}{bf}\cdot\frac{dq}{dt} $$

Il faut donc que $\dfrac{dq}{dt}$ soit positif, ce qui exige d'après la relation (5), l'inégalité suivante :

$$ (6) \qquad - \mu\sin\alpha + q(a\beta - q\mathrm{A}\cot_\alpha) > 0. $$

ou que le trinôme

$$ -\mathrm{A}q^2\cot\alpha + a\beta.q - \mu\sin_\alpha. $$

soit positif. Les racines de ce trinôme en q, sont :

$$ \frac{q'}{q''} = \frac{a\beta \mp \sqrt{a^2\beta^2 - 4\mathrm{A}\mu\cos\alpha}}{2\mathrm{A}\cot_\alpha}; $$

L'inégalité (6) exige que ces racines soient réelles et inégales, ou

$$ (7)\quad a^2\beta^2 > 4\mathrm{A}\mu\cos\alpha $$

elle montre en outre que pendant le mouvement considéré ; la variable croissante q doit rester comprise entre q' et q''.

L'inégalité (7) aura toujours lieu pour $\mu < 0$ ou lorsque G sera situé au-dessous de O ; lorsque G sera au-dessus, elle n'aura lieu que si β est suffisamment grand.

29. Intégrons maintenant l'équation (5), qui peut s'écrire :

$$ \frac{f}{\mathrm{A}}\,dt = \frac{dq}{-\mathrm{A}\cot_\alpha}\left(\frac{1}{q-q'} - \frac{1}{q-q''}\right)\frac{1}{q'-q''} $$

on trouve :

$$ -f.(q'-q'')\cot\alpha.t = \log\frac{q-q'}{q-q''} + \text{const} $$

pour $t = 0$, on a $q = q_0$, d'où :

$$(8) \quad q = q'' - \frac{(q'' - q')\,(q'' - q_0)\,e^{-f(q'' - q')\cot\alpha.t}}{(q_0 - q') + (q'' - q_0)\,e^{-f(q'' - q')\cot\alpha\, t}}$$

comme $q'' - q_0$ est nécessairement positif, d'après ce qui a été dit plus haut, ainsi que $q'' - q'$, on voit que la variable q croît rapidement avec t, et qu'elle est sensiblement constante et égale à q'' au bout d'un temps plus ou moins court; mais pour que q puisse atteindre cette limite, il faut que l'équation (4) qui peut s'écrire :

$$\frac{Aq}{b} + \frac{Cr}{a} = \beta$$

donne pour r lorsque $q = q''$, une valeur positive, ou que $\dfrac{Aq''}{b}$ soit plus petit que β. Si cette condition n'est pas remplie, r sera nul, ou la rotation autour de l'axe du corps s'éteindra, avant que cet axe ait atteint un mouvement de rotation sensiblement uniforme autour de la verticale du point fixe. La condition ci-dessus

$$\frac{A}{b} \; . \; \frac{a\beta + \sqrt{a^2\beta^2 - 4\mu A\cos\alpha}}{2A\cot\alpha} < \beta$$

se réduit à :

$$(9) \quad - A\mu < \frac{\beta^2 b}{\sin\alpha}\,(b\cot\alpha - a)$$

Enfin intégrons l'équation (8) relativement à t, après y avoir substitué à q sa valeur $\dfrac{d\psi}{dt}$. $\sin\alpha$, nous aurons :

$$(10) \quad \begin{aligned} &\psi\sin\alpha = q''t \\[4pt] &+ \frac{1}{f\cot\alpha}\,\log\left[\frac{q_0 - q' + (q'' - q_0)\,e^{-f(q'' - q')\cot\alpha.t}}{q'' - q'}\right] \end{aligned}$$

En supposant ψ_0 nul ou que l'axe Ox coïncide avec la position initiale de $O\xi$.

30. Ce qui précède suffit lorsqu'on suppose que le tore est mis en rotation en même temps que le contact est établi entre son axe et le profil directeur ; alors en effet il ne se produit aucun choc et les valeurs de p_0, q_0, r_0 sont les valeurs initiales, ainsi produites de p, q, r ; on a par suite :

$$\text{(14)} \qquad \beta = \frac{Aq_0}{b} + \frac{Cr_0}{a}$$

pour la seule constante qu'il nous restait à déterminer.

Mais si le tore étant d'abord mis en rotation, on lui présente ensuite le contact d'un profil directeur, il se produit un choc et les quantités p_0, q_0, r_0 dans les formules précédentes sont les valeurs de p, q, r, à l'instant qui *suit* le choc.

Soient p_1, q_1, r_1 les valeurs de p, q, r à l'instant qui *précède* le choc, valeurs que nous supposons données. Il nous reste alors à déterminer p_0, q_0, r_0, au moyen de p_1, q_1, r_1. Pour cela il suffit de se rappeler que les variations de p, q, r, dues à une percussion, sont les mêmes que si p_1, q_1, r_1 étaient nuls et que les trois équations d'Euler donnent dès lors pour cette percussion

$$A\frac{dp}{dt} = L, \qquad A\frac{dq}{dt} = M, \qquad C\frac{dr}{dt} = N$$

de plus, pendant ce choc R est très-grand par rapport à P ou μ que l'on peut négliger dans L, de sorte que l'on a :

$$A\frac{dp}{dt} = Rb \qquad\qquad A(p_0 - p_1) = b\int_0^\theta R\,dt.$$

$$A\frac{dq}{dt} = Rb.f \qquad \text{d'où} \qquad A(q_0 - q_1) = bf\int_0^\theta R\,dt.$$

$$C\frac{dr}{dt} = -Ra.f \qquad\qquad C(r_0 - r_1) = -af\int_0^\theta R\,dt.$$

θ désignant la très-courte durée du choc.

Or, d'après la loi du mouvement qui suit le choc, p est constamment nul, donc $p_0 = 0$; on a donc :

$$-Ap_1 = b \int_0^\tau R\,dt \qquad\qquad p_1 = -\frac{b}{A} \int_0^\tau R\,dt$$

$$A(q_0 - q_1) = -A f p_1 \qquad \text{d'où} \qquad q_0 = q_1 - p_1 f$$

$$C(r_0 - r_1) = \frac{a}{b} f A p_1 \qquad\qquad r_0 = r_1 + \frac{a}{b} p_1 f \cdot \frac{A}{C}$$

Il est à remarquer que pour qu'il y ait choc, il faut que l'axe du tore tende à entrer à l'intérieur du cercle directeur ; or les rotations q_1, r_1 ne déplaçant l'axe que tangentiellement à ce cercle, le choc ne peut provenir que de p_1, à la condition que la rotation p_1 aura lieu de gauche à droite ou sera négative ; c'est ce qu'exprime la formule donnant p_1, dans laquelle R est essentiellement positif.

Substituant les valeurs précédentes de q_0, r_0 dans l'expression de β (11), on a :

$$(12) \qquad \beta = \frac{Aq_0}{b} + \frac{Cr_0}{a} = \frac{Aq_1}{b} + \frac{Cr_1}{a} \cdot$$

Il est facile de déterminer, en outre, dans quel cas peut être remplie la condition trouvée plus haut (n° 25),

$$(13) \qquad q' < q_0 < q''$$

nécessaire pour que la tige adhère au disque directeur. Pour plus de simplicité, nous ne considérerons que le cas où β est assez grand, pour qu'on puisse négliger dans q' et q'' le carré du rapport de $4\,A\mu \cos\alpha$ à $a^2\beta^2$; on a alors en développant le radical suivant les puissances de ce rapport :

$$\begin{matrix} q' \\ q'' \end{matrix} = \frac{1}{2\,A\cot\alpha} \left[a\beta \mp a\beta \left(1 - \frac{1}{2}\cdot\mu\,\frac{4\,A\cos\alpha}{a^2\beta^2} + \ \ldots\ \right)\right]$$

si pour q' et q'' on se borne aux deux premiers termes, on a :

$$q' = \frac{\mu \sin \alpha}{a\beta} \quad , \quad q'' = \frac{a\beta}{A \cot \alpha} \cdot$$

d'autre part la relation (12) donne

$$a\beta = Cr_1$$

en négligeant le produit par Aq_1 de la petite fraction $\frac{a}{b}$. L'inégalité (13) devient ainsi

$$(14) \qquad \frac{\mu \sin \alpha}{Cr_1} < (q_1 - p_1 f) < \frac{Cr_1}{A \cot \alpha}$$

Or, si on se reporte à la théorie du tore de Foucault, pour r_1 très-grand, on trouve facilement que :

$$q_1 = \Psi \sin \theta = \frac{2\mu \sin \theta_0}{C\omega_0} \sin^2 . \frac{C\omega_0 t}{2A}$$

$$p_1 = \frac{d\theta}{dt} = \frac{2\mu \sin \theta_0}{C\omega_0} \cdot \sin \frac{C\omega_0 t}{2A} \cos \frac{C\omega_0 t}{2A} \cdot$$

pour le mouvement libre du tore, avant tout contact, t étant compté de l'instant où on a imprimé ω_0 au mobile, autour de son axe de révolution, sans autre rotation initiale composante. On a vu aussi que $\theta = \theta_0$ et $r_1 = \omega_0$ en moyenne, ω_0 étant très-grand. Comme ici $\theta_0 = \alpha$ sensiblement, on a

$$Cr_1 q_1 = 2\mu \sin \alpha . \sin^2 . \frac{Cr_1 t}{2A} \cdot$$

$$Cp_1 r_1 = 2\mu \sin \alpha . \sin \frac{Cr_1 t}{2A} \cos \frac{Cr_1 t}{2A} \cdot$$

de sorte que la première inégalité (14) devient :

$$1 \; \substack{<\\>} \; 2\sin^2 \frac{Cr_1 t}{2A} - 2f\sin \frac{Cr_1 t}{2A} \cos \frac{Cr_1 t}{2A} \cdot \text{ suivant que } \mu \; \substack{>\;0\\<\;0}$$

ou :

$$tg^2 \frac{Cr_1 t}{2A} - 2f.\,tg \frac{Cr_1 t}{2A} - 1 \; \substack{>\\<} \; 0 \qquad \substack{\mu\;>\;0\\ \mu\;<\;0}$$

or les racines de l'équation en $tg\,\dfrac{Cr_1 t}{2A}$ obtenue en égalant ce trinôme à zéro étant inégales, il y a une infinité de valeurs de t, qui peuvent satisfaire à celle de ces inégalités qui répond au signe de μ, par conséquent on comprend que, à un moment donné, le choc soit suivi d'une rotation directe de la tige du corps autour de la verticale du point fixe en s'appuyant sur le disque. Quant à la deuxième inégalité (14), elle devient :

$$(Cr_1)^2 > 2A\mu\cos\alpha \left(\sin^2. \frac{Cr_1 t}{2A} - f.\sin \frac{Cr_1 t}{2A}\cos. \frac{Cr_1 t}{2A} \right)$$

qui est toujours satisfaite dans notre hypothèse de r_1 suffisamment grand.

Si, dans le cas où il ne se produit pas de choc à l'origine du mouvement périmétrique, les quantités r_0 et, par suite, β étaient assez grandes pour permettre les approximations précédentes, il est clair que la condition (13) se réduirait à celle-ci :

$$\frac{\mu\sin\alpha}{C\,r_0} < q_0 < \frac{C\,r_0}{A\cos\alpha}$$

condition qu'il est aisé pratiquement de remplir.

En résumé, qu'il y ait choc ou non, les conditions (7) et (13), nécessaires à la production du mouvement périmétrique de l'axe du tore, peuvent être satisfaites dans des circonstances expérimentales faciles à réaliser.

TROISIÈME SECTION [1]

Le Gyroscope de Foucault. Le Polytrope et le Pendule de M. Sire.

§ I.

PRÉLIMINAIRES.

31. Dans tous les appareils de cette section, il s'agit d'étudier le mouvement relatif d'un tore, et nous verrons que pour ramener cette étude à celle d'un mouvement absolu, avec une approximation suffisante, il n'y a qu'à introduire les forces fictives, connues sous le nom de *forces centrifuges composées.* Nous commencerons donc par établir sur ces forces les propositions qui nous seront utiles.

Soient : ω' la vitesse angulaire d'un solide de révolution

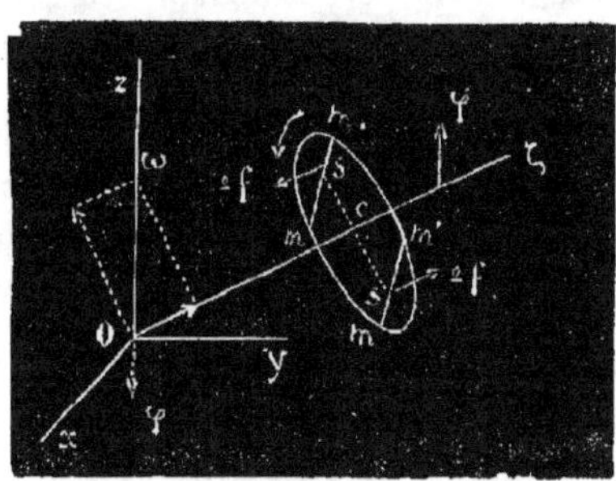

Figure 16.

de masse **M**, autour de son axe de figure $O\zeta$, entraîné lui-même dans le mouvement d'un système de forme invariable (S)

---

(1) Empruntée en grande partie au Traité de cinématique de M. Résal.

dont il fait partie ; C le moment d'inertie de ce solide par rapport à $O\zeta$; Oz la parallèle à l'axe instantané de rotation du système (S), menée par un point quelconque O de $O\zeta$; ω la vitesse de rotation instantanée de (S) et α l'angle $zO\zeta$.

Cherchons à réduire les forces centrifuges composées.

m étant la masse d'une molécule quelconque du corps, v sa vitesse relative, (v,ω) l'angle des directions de v et de ω, on a pour la force centrifuge composée f développée sur m :

$$f = 2\,m\,v.\,\omega \sin\,(v.\,\omega)$$

On sait de plus que f est perpendiculaire au plan de v et ω, et dans quel sens.

Décomposons la rotation ω en plusieurs autres $p, q,\ldots\ldots$ formant avec elle un polygone que nous projetons sur un plan V perpendiculaire à v (1). La projection $\omega \sin (v,\omega)$ de ω sera la résultante des projections $p \sin (v,p)$, $q \sin (v,q)\ldots$ de p,q. En multipliant ces projections par le facteur commun $2mv$, on aura les forces centrifuges composées que développeraient sur la molécule m animée de la vitesse v, les rotations $\omega,\ p,\ q\ldots$ prises isolément. Comme ces projections sont d'ailleurs dans le plan V respectivement perpendiculaires à ces forces centrifuges composées, on a la proposition suivante :

Pour une molécule, la force centrifuge composée due à ω est la résultante de celles qui seraient dues aux composantes de ω.

On verrait de même que :

Pour une molécule animée de la vitesse v, la force centrifuge composée est la résultante de celles qui correspondraient aux composantes de cette vitesse.

32. Appliquons cette remarque à notre recherche et décomposons la rotation ω en deux autres, l'une $\omega \cos \alpha$ suivant l'axe du corps, l'autre $\omega \sin \alpha$ suivant une perpendiculaire à cet axe.

______

(1) Le lecteur est prié de faire la figure.

Pour $\omega \cos \alpha$, les forces centrifuges composées sont, par définition même, égales et contraires pour deux molécules du corps symétriques par rapport à l'axe de figure. De ce chef, la résultante de ces forces est donc nulle.

Pour $\omega \sin \alpha$, les forces centrifuges composées de deux points du corps, m, m_1, symétriques relativement au plan $zO\zeta$, sont égales et de même sens ζO ; leur résultante $2f$ est appliquée en s dans le plan $zO\zeta$. La résultante analogue pour les deux autres points m', m'_1, symétriques des premiers par rapport à $O\zeta$ est aussi $2f$, mais dirigée en sens contraire et appliquée en s'. Ces quatre points donnent ainsi le couple $2f . ss'$.

Or, si on désigne par ρ le rayon du parallèle passant par ces quatre points, par β l'angle de v avec la direction de $\omega \sin \alpha$, on a :

$$\left\{ \begin{array}{l} f = 2\, m\, v\, \omega \sin \alpha\, \sin \beta. \\ ss' = 2\, \rho \sin \beta \\ v = \rho \omega', \end{array} \right.$$

d'où
$$2\, f . ss' = 8 . m . \omega . \omega' . \sin \alpha . \rho^2 \sin^2 \beta$$

Tel est le couple donné par le point m et ses trois associés m_1, m', m'_1. Faisons la somme des couples analogues pour tous les points m du corps et divisons-la par quatre, nous aurons, dans le plan $zO\zeta$, le couple résultant des forces centrifuges composées, savoir :

$$2\, \omega\, \omega' \sin \alpha\, \Sigma\, m . \rho^2 \sin^2 \beta$$

Si nous remplaçons $2 \sin^2 \beta$ par $1 - \cos 2\beta$ et si nous remarquons que β variant de 0 à 2π, $\Sigma\, m\, \rho^2 . \cos 2\beta$ est évidemment nul, comme formé d'éléments deux à deux égaux et contraires, nous aurons finalement :

$$\omega\, \omega' \sin \alpha\, \Sigma\, m\, \rho^2$$

ou
$$C . \omega\, \omega' \sin \alpha$$

pour ce couple résultant.

On peut le représenter de la manière suivante : sur $O\zeta$, prenons une longueur quelconque $OA = l$ et appliquons aux points A et O, des forces ϕ égales à $\dfrac{C\omega\omega'}{l}$, la première dans la direction Oz, la deuxième dans la direction contraire. Ces forces formeront un couple égal au couple résultant des forces centrifuges composées que la rotation instantanée d'entraînement , ω , a développées dans la masse du corps tout entier.

§ II.

LE GYROSCOPE DE FOUCAULT.

Description sommaire.

33. Le gyroscope de Foucault est si connu et si célèbre que
nous nous dispenserons ici d'en donner une description très-
détaillée. Il ne diffère d'ailleurs de celui de Bohnenberger
décrit plus haut (n° 11) qu'en ceci :

Pour assurer à tous les axes de rotation une grande mobilité,
l'anneau extérieur B (fig. 17) repose inférieurement par une
pointe d'acier dans un godet conique et est suspendu supérieurement par un fil sans torsion f à un appui fixe.

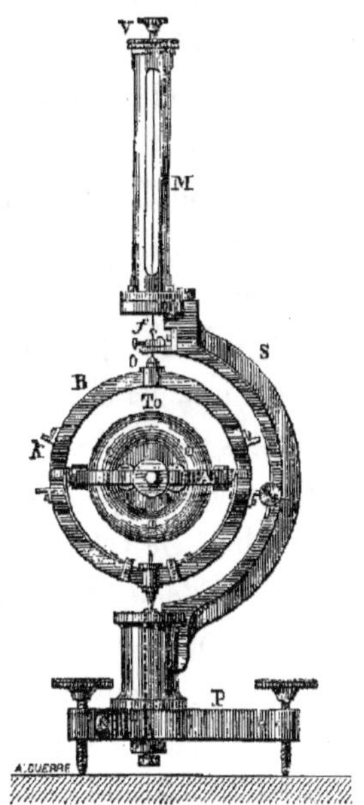

Figure 17.

L'anneau intérieur A, au lieu de tourner sur des pivots engagés dans l'anneau B, repose par des couteaux d'acier sur des plans d'agate enchâssés dans cet anneau ; l'arête des couteaux représente l'axe horizontal de rotation de l'anneau A.

Toutes les pièces mobiles sont munies de petites vis servant à faire coïncider exactement leur centre de gravité avec le point d'intersection O du fil f, de l'arête des couteaux et de l'axe du tore, ce qui est une condition indispensable du bon fonctionnement de l'appareil et ce dont on s'assure par des moyens ingénieux.

A l'aide d'un système d'engrenages, on communique au tore T une rotation excessivement rapide pouvant durer quinze minutes, autour de son axe, puis on le dépose avec son anneau suspenseur A, sur les plans d'agate. Aussitôt, l'axe du tore, jusque-là si parfaitement mobile qu'un souffle suffisait à mettre en mouvement toutes les pièces de l'appareil, acquiert tout à coup une fixité remarquable, telle que l'on peut, sans parvenir à le dévier, transporter et orienter le pied de l'instrument de toutes les façons imaginables. Cet axe est même soustrait à l'influence de la rotation de la terre, et s'il a été préalablement dirigé sur une étoile du ciel, on le voit se déplacer par rapport aux objets terrestres environnants, tandis qu'il reste pointé sur cette étoile, à la manière des lunettes parallactiques mues par une horloge sidérale.

Si l'on fixe entre eux les deux anneaux A, **B**, perpendiculairement l'un à l'autre, de sorte que l'axe du tore ne puisse plus se mouvoir que dans un plan horizontal, cet axe exécute des oscillations assez lentes de part et d'autre du méridien terrestre et n'atteint sa position d'équilibre relatif que lorsqu'il est immobile dans ce méridien, la rotation du tore étant d'ailleurs de même sens que celle de la terre. Cette expérience est une nouvelle preuve de la rotation de la terre et peut servir à trouver le méridien du lieu d'observation.

Si l'on fixe l'anneau B au pied de l'instrument perpendiculairement au plan méridien et qu'on rende à l'anneau A la liberté de tourner autour de la ligne des couteaux de suspension, l'axe du tore sera assujetti à rester dans le plan méridien où il pourra d'ailleurs se mouvoir librement. On voit alors cet axe, le tore étant en rotation rapide, exécuter dans le méridien des oscillations isochrones de part et d'autre de l'axe du monde et n'atteindre sa position d'équilibre relatif que lorsqu'il est couché immobile sur ce dernier.

Foucault a décrit son appareil à l'Académie des sciences, le 27 septembre 1852. Le même jour il communiquait les deux expériences précédentes qui permettent de déterminer la méridienne et la latitude du lieu où on se trouve, sans instruments astronomiques, sans même voir le ciel, à l'aide du seul Gyroscope, par des phénomènes d'orientation de l'axe du tore analogues à ceux de l'aiguille aimantée.

Théorie.

34. La théorie élémentaire et assez approchée du Gyroscope de Foucault se fait aisément si on se reporte à la théorie générale des mouvements relatifs à la surface de la terre, et si on profite du résultat obtenu à la fin du premier paragraphe de cette section.

On sait en effet que pour ramener à l'étude d'un mouvement absolu, celle du mouvement relatif d'un solide pesant à la surface de la terre, il suffit de joindre au poids du solide et aux autres forces qui le sollicitent directement, les forces centrifuges composées, développées sur chaque molécule du corps par la rotation diurne de notre globe.

Or, dans le gyroscope de Foucault, il résulte du mode de suspension des diverses pièces que leur centre commun de gravité, O, peut être considéré comme fixé à la terre et détruisant le poids du tore. Ce corps n'est donc soumis dans son mouvement relatif qu'aux forces centrifuges composées, si on néglige la faible résistance que lui offrent les masses assez légères des deux anneaux suspenseurs.

Mais nous avons vu que la résultante de ces forces centrifuges composécs est un couple situé dans le plan de l'axe $O\zeta$ de la rotation ω' du tore autour de son axe de figure et de la parallèle Oz à l'axe de rotation ω de la terre, parallèle dirigée vers le nord dans nos climats. Le moment de ce couple est $C\,\omega\omega'\sin\theta$, θ étant l'angle de Oz avec $O\zeta$, de sorte que si on prend sur $O\zeta$, une longueur $OA = l$, on pourra remplacer les forces centrifuges composées par une force unique φ, parallèle à Oz, appliquée en A et égale à $\dfrac{C\,\omega\omega'}{l}$ ($\S$ I, fig. **16**).

35. Il résulte de là que la théorie du gyroscope est identique à celle de la toupie de Foucault. Concluons donc, en nous bornant à une première approximation, que si l'axe du gyroscope est entièrement libre autour de son centre de gravité, et sans impulsion initiale, il décrira autour de Oz d'un mouvement uniforme un cône de révolution avec la vitesse angulaire $-\dfrac{\varphi\,l}{C\omega'}$ ou $-\omega$, vitesse égale et contraire à celle du mouvement diurne.

En d'autres termes : *L'axe du tore se déplacera par rapport aux objets terrestres qui l'environnent, comme s'il était constamment dirigé vers un même point du ciel.*

La rotation propre ω' du tore reste d'ailleurs constante ou du moins ne s'éteint que sous l'action des résistances passives.

Du mouvement de rotation de $O\zeta$ autour de Oz, naît, il est vrai, pour la vitesse relative d'une molécule m du tore, une composante que nous n'avons pas considérée dans le calcul de φ (n° 32). Mais cette composante est de l'ordre de φ ou de ω, quantité très-petite par rapport à ω' ; il faudrait la multiplier par ω pour former la force centrifuge composée correspondante, ce qui donnerait une quantité en ω^2, quantité négligeable à notre degré d'approximation. Les conclusions formulées plus haut sont donc légitimes.

36. Si l'axe du tore du gyroscope n'est pas entièrement libre autour du centre de gravité O, mais assujetti à rester dans un plan P incliné de l'angle i sur Oz, cet axe oscillera dans ce plan sous l'action de la force φ, conformément à ce qui a été dit n° **17**, c'est-à-dire comme si le tore ne tournait pas au-

tour de son axe de figure. Les oscillations de $O\zeta$ s'effectueront donc de part et d'autre de la projection de Oz sur le plan P et leur durée, en les supposant très-petites, sera donnée par la formule

$$T = \pi \sqrt{\frac{A}{l\,\varphi\cos i}} = \pi \sqrt{\frac{A}{C\,\omega\,\omega'\cos i}}$$

démontrée dans la théorie du pendule composé, A étant le moment d'inertie du tore par rapport à un diamètre de son équateur (1).

L'oscillation a lieu autour de la méridienne, si le plan P est horizontal; autour de l'axe du monde s'il se confond avec le méridien; et lorsque cette oscillation est détruite par les résistances passives, l'axe $O\zeta$ de la rotation du tore est toujours dirigé du côté du nord dans nos climats.

Petites oscillations du tore dans divers plans spécialement choisis.

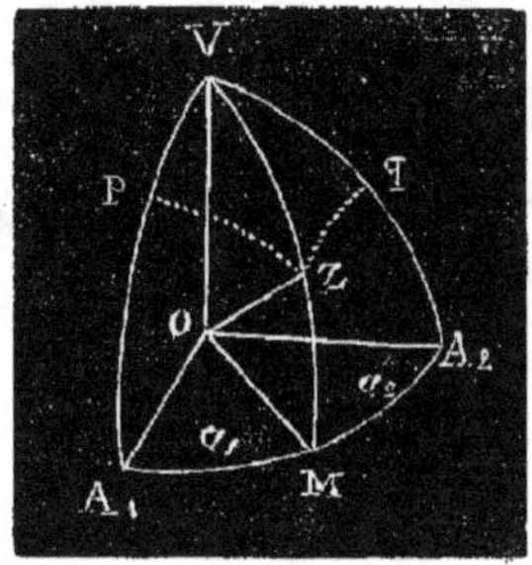

Figure 18.

37. Soient : OV la verticale du lieu; VOM le méridien; OZ la ligne qui va au pôle ou la parallèle à l'axe de rotation de la terre; i_1, i_2 les inclinaisons de OZ sur VA_1 et VA_2,

(1) Faire la figure.

deux plans verticaux d'azimut a_1 et a_2 ; $A_1 MA_2$ l'horizon ; θ la latitude du lieu ; T_0, T_1 et T_2 les durées des petites oscillations du tore dans les plans verticaux VM, VA_1 et VA_2 ; et enfin τ la durée de ces oscillations dans l'horizon.

On a :

$$
\begin{cases}
T_0 = \pi \sqrt{\dfrac{A}{C\,\omega\,\omega'}} \\[3mm]
T_1 = \pi \sqrt{\dfrac{A}{C\,\omega\,\omega' \cos i_1}} = \dfrac{T_0}{\sqrt{\cos i_1}} \\[3mm]
T_2 = \pi \sqrt{\dfrac{A}{C\,\omega\,\omega' \cos i_2}} = \dfrac{T_0}{\sqrt{\cos i_2}}
\end{cases}
$$

Des deux dernières formules résulte celle-ci :

$$
(1) \qquad \cos^2 i_1 + \cos^2 i_2 = T_0^2 \left(\frac{1}{T_1^2} + \frac{1}{T_2^2} \right).
$$

Mais en vertu des triangles sphériques ZpV, ZqV, rectangles en p et q, on a :

$$
\sin i_1 = \cos\theta \sin a_1 \quad , \quad \sin i_2 = \cos\theta \sin a_2 \quad ;
$$

par suite dans le cas où $a_1 - a_2 = \dfrac{\pi}{2}$, la relation (1) peut s'écrire :

$$
(2) \qquad 2 - \cos^2\theta = T_0^2 \left(\frac{1}{T_1^2} + \frac{1}{T_2^2} \right).
$$

et s'énoncer ainsi :

Théorème : *La somme des carrés des inverses des durées des petites oscillations est constante pour deux plans verticaux rectangulaires.*

De plus

$$
(3) \qquad \tau = \pi \sqrt{\frac{A}{C\,\omega\,\omega' \cos\theta}} = \frac{T_0}{\sqrt{\cos\theta}}
$$

Si on élimine T_0 entre les équations (2) et (3) on a :

$$2 - \cos^2\theta = \cos\theta \left(\frac{\tau^2}{T_1^2} + \frac{\tau^2}{T_2^2} \right)$$

Ainsi les durées d'oscillation τ, T_1, T_2 dans trois plans rectangulaires deux à deux, l'horizon et deux plans verticaux, donnent θ ou la latitude du lieu.

§ III.

LE POLYTROPE DE M. SIRE.

38. Le Gyroscope est d'un prix élevé ; sa manœuvre, toujours délicate, peut, au moindre incident, devenir dangereuse ; ses effets sont d'ailleurs si faibles et si lents qu'un seul observateur peut les suivre, en armant son œil d'un microscope.

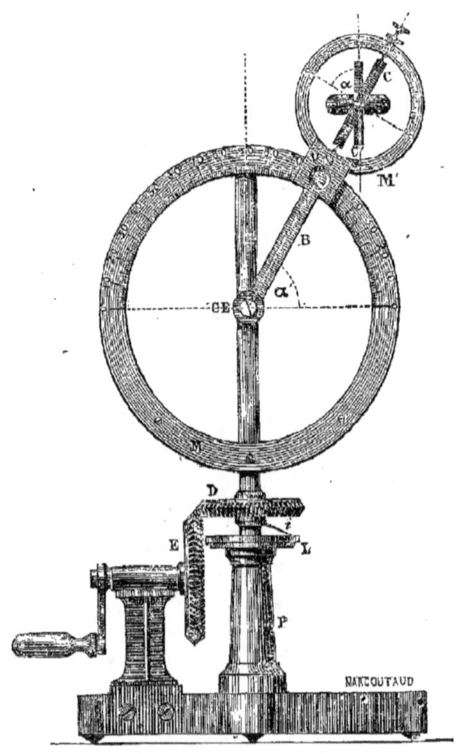

Figure 19.

A l'aide du *Polytrope*, M. Sire produit artificiellement, sur une large échelle, pour toutes latitudes et pour de nombreux spectateurs, les effets que le Gyroscope n'accuse que pour une seule personne et une seule latitude.

Le Polytrope se compose de deux parties distinctes, l'une représentant la terre et l'autre le gyroscope de Foucault.

1°. Un grand cercle de cuivre M représente un méridien terrestre ; il est fixé sur son diamètre vertical en acier qui représente l'axe de notre globe. Cet axe peut tourner sur lui-même par suite d'un prolongement qui s'engage dans un pied de fonte P, très-lourd et très-stable. Il porte une roue dentée D qui engrène avec une autre roue dentée E, à l'aide de laquelle on communique au méridien une rotation quelconque.

Un second axe B, mobile autour du centre C du méridien, représente un rayon terrestre, et tout plan perpendiculaire à B représente l'horizon.

2°. L'extrémité de ce rayon B porte un gyroscope débordant le limbe du méridien, sur lequel on peut la fixer par une vis de pression à un degré quelconque de latitude. — Ce gyroscope n'est autre chose que celui de Bohnenberger. Un cercle extérieur M' est fixé invariablement au rayon B, dans le plan du méridien ; il porte un deuxième cercle C, mobile sur pivots autour du prolongement du rayon B, prolongement qui représente la verticale du lieu. Ce cercle C porte à son tour un troisième cercle C', mobile autour de leur diamètre commun qui est perpendiculaire au rayon B. Enfin le cercle C' porte un tore dont l'axe est lui-même perpendiculaire à ce diamètre commun. L'axe du tore est ainsi mobile autour de deux axes rectangulaires et peut prendre toutes les positions possibles à l'égard du méridien. Le point de rencontre de ces axes doit d'ailleurs se confondre avec le centre de gravité commun des cercles et du tore.

Des goujons permettent de fixer le cercle C au cercle M' ou le cercle C' au cercle C, de telle sorte que l'axe du tore soit astreint à rester dans le plan méridien ou dans le plan horizontal de l'appareil.

De cette description succincte, il ressort évidemment que tous les phénomènes offerts par le gyroscope de Foucault peuvent être reproduits avec ampleur et rapidité par le Polytrope. Il suffit pour cela de donner au méridien artificiel une vitesse de rotation supérieure à celle de la terre, quoique très-inférieure à celle du tore autour de son axe.

La théorie du polytrope est aussi évidemment la même que celle du gyroscope de Foucault. La seule différence consiste en ce que dans le polytrope la force d'inertie d'entraînement du tore ne fait pas partie de son poids, comme dans le gyroscope, et n'est pas détruite par la fixité relative du centre des cercles suspenseurs ; mais cette force d'inertie est très-faible et négligeable en comparaison de la grande vitesse de rotation propre du tore.

§ IV.

PENDULE DE M. SIRE.

Description.

39. Dans ce curieux appareil, un tore T tourne autour de
son axe, porté par une chape circulaire C. Sur la chape est im-
planté invariablement dans son plan, et normalement à l'axe
du tore, une tige en acier. Cette tige est fixée par sa partie
supérieure à un petit arbre horizontal qui lui est perpendiculaire, ainsi qu'à l'axe du tore, et autour duquel elle peut

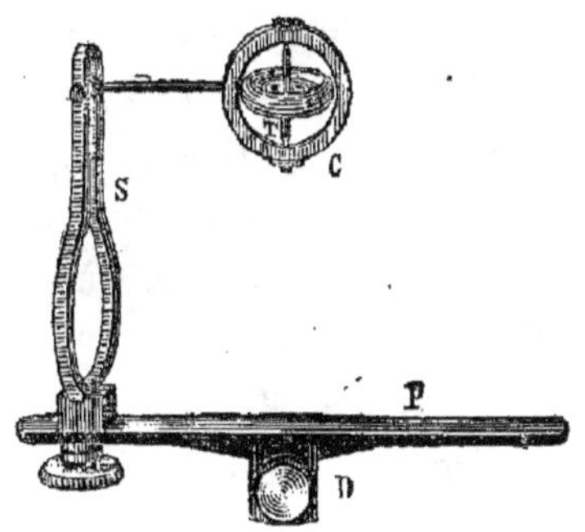

Figure 20.

tourner comme un pendule avec tout ce qu'elle porte. Le
petit arbre horizontal repose lui-même sur un support vertical S qu'on peut fixer dans tous les azimuts, au moyen d'une
vis de pression, sur un barreau horizontal P. Ce barreau est
monté sur un arbre vertical D, autour duquel il peut rece-

voir une rotation quelconque, par un système de roues dentées analogue à celui du polytrope.

Appelons : *plan méridien*, le plan vertical passant par la direction du barreau P ; *plan d'oscillation*, le plan dans lequel le pendule est assujetti à osciller lorsque le support S est immobile ; *azimut* l'angle α de ces deux plans. La valeur de l'azimut se règle préalablement à l'aide de la vis de pression et reste invariable lorsque le plan méridien et le plan d'oscillation sont entraînés dans une rotation commune autour de l'axe vertical D.

Une rainure longitudinale est souvent pratiquée dans le barreau P et permet de faire varier à volonté la distance de la vis de pression et par suite du support S à l'axe D.

Lorsque toutes les pièces de l'appareil sont en repos, l'axe du tore est horizontal ; la tige qui le porte et fait pendule avec lui est verticale. Si on communique au tore une rotation très-rapide autour de son axe de figure maintenu au repos et si on imprime ensuite à tout le système une rotation assez lente autour de l'axe D, on voit l'axe du tore se relever et, d'horizontal qu'il était, devenir vertical. De plus, ce redressement a lieu de telle sorte que le sens de la rotation du tore autour de son axe devenu vertical, soit celui de la rotation du support S autour de l'axe D. Lorsqu'on vient à changer le sens de la rotation de S, la tige du pendule passe d'un côté à l'autre de ce support, pour prendre une position sensiblement horizontale.

Ce phénomène se produit quel que soit l'azimut α, mais il peut sembler particulièrement remarquable lorsque $\alpha = 0$ et $\alpha = 90°$.

Pour $\alpha = 0$, si la rotation d'entraînement a le sens convenable, l'axe du tore se rapproche graduellement de l'axe D malgré la force centrifuge, et finit par coïncider avec lui dans le cas où la distance de D à la vis de pression est égale à la longueur du pendule.

Pour $\alpha = 90°$, si la rotation propre du tore a le sens convenable, le pendule, redressé et devenu horizontal, précède le support S dans le mouvement d'entraînement, quel que soit d'ailleurs le sens de ce dernier.

Théorie.

40. La théorie du pendule de M. Sire a été faite complétement par M. Résal (1). Nous allons la reproduire, mais en négligeant certaines quantités, conservées par M. Résal. On obtient ainsi, avec une approximation très-suffisante, une exposition beaucoup plus simple.

Soient :

ω' la vitesse de rotation du tore autour de son axe de figure ; ω la vitesse constante de rotation d'entraînement autour de l'arbre D.

ρ la distance de cet arbre au support S.

l la distance du centre de gravité du tore au petit arbre horizontal, ou à l'axe de suspension du pendule.

M la masse du tore, C et A, ses moments d'inertie par rapport à son axe de figure et à une perpendiculaire à cet axe menée par son centre.

θ l'angle variable de l avec la verticale.

Nous négligerons tout d'abord la masse de la chape, très-petite par rapport à celle du tore.

Pour ramener le mouvement du pendule, relativement au support S, à un mouvement absolu, il suffit de joindre aux forces directement appliquées, c'est-à-dire au poids Mg du tore, les forces d'inertie d'entraînement et les forces centrifuges composées.

Les forces centrifuges développées par ω et ω' sur les différentes molécules du tore se réduisent à un couple, situé dans le plan d'oscillation et dont le moment $C\omega\omega'\cos\theta$ (n° 32) tend

(1) *Annales des Mines*, tome XV.
Traité de Cinématique, p. 401.

à rendre l'axe de ω' parallèle à celui de ω. Quant aux composantes de la vitesse relative des diverses molécules du tore, dues à la rotation $\frac{d\theta}{dt}$ autour de l'axe d'oscillation, elles ne donnent que des forces centrifuges composées parallèles à cet axe et de moments nuls par rapport à lui.

Le moment des forces d'inertie d'entraînement, par rapport à l'axe d'oscillation du pendule contient évidemment ω^2 en facteur et par conséquent est négligeable devant $C\omega\omega'\cos\theta$, le moment des forces centrifuges composées par rapport au même axe, puisque nous supposons ω' très-grand devant ω.

Le moment d'inertie du tore par rapport à l'axe de suspension du pendule est $(A + Ml^2)$; par conséquent le mouvement relatif de ce pendule aura pour équation :

$$(1) \qquad (A + Ml^2)\,\frac{d^2\theta}{dt^2} = C\omega\omega'\cos\theta - Mgl\sin\theta.$$

où il reste à substituer la valeur de ω'. Or la rotation instantanée, dans l'espace absolu, du tore autour de son centre de gravité est la résultante des rotations ω, ω', $\frac{d\theta}{dt}$; sa projection sur l'axe du tore est $\omega' + \omega\sin\theta$ et elle est constante, puisque le tore supposé libre n'est soumis qu'à son poids et aux réactions des crapaudines de la chape, et que toutes ces forces rencontrent son axe, si nous négligeons les frottements. Donc :

$$(2) \qquad \omega' + \omega\sin\theta = h$$

h désignant une constante. Tirant de là ω' et substituant dans (1) en négligeant les termes en ω^2, puis résolvant par rapport à dt, on a :

$$(3) \qquad dt = \pm\,\frac{1}{2}\,d\theta\,\sqrt{\frac{A + Ml^2}{\sin\frac{\theta}{2}\left(C\omega h - Mgl\operatorname{tg}.\frac{\theta}{2}\right)}}$$

On prendra le signe $+$ ou $-$ suivant que θ sera croissant ou décroissant. La formule (3) montre que dt ne peut être réel que si θ oscille entre les limites 0 et θ_1, l'angle θ_1 étant donné par la formule :

$$\lg \frac{\theta_1}{2} \qquad \frac{Ch\omega}{Mgl}$$

La formule (1) montre de son côté que si le pendule était abandonné sans vitesse relative initiale sous une inclinaison θ_2 avec la verticale, donnée par la formule :

$$\lg\theta_2 = \frac{Ch\omega}{Mgl},$$

il resterait dans cette position en équilibre relatif. Comme $\theta_1 = 2\theta_2$ on voit que c'est de part et d'autre de cette position d'équilibre que s'exécutent les oscillations périodiques du pendule.

La formule (2) montre enfin que la rotation propre ω' du tore varie périodiquement avec θ.

Si, pour une valeur donnée de ω, la rotation initiale du tore est ω_0' lorsque $\theta = 0$, on a :

$$h = \omega_0'$$

et si on prend ω_0' de plus en plus grand, h grandira de plus en plus et θ_2 s'approchera de $90°$.

Ainsi lorsque ω_0' est extrêmement grand, les oscillations du pendule ont une amplitude de $180°$ et s'exécutent de part et d'autre de l'horizontale.

41. Si les oscillations indiquées par la théorie précédente ne se manifestent pas dans le jeu de l'appareil de M. Sire, si le pendule arrive presque immédiatement à la position d'équilibre relatif qui convient aux rotations ω et ω', cela tient à ce que le mouvement imprimé à l'arbre D par l'expérimentateur, au moyen d'une manivelle, n'est pas immédiatement uniforme. Il croît à partir de zéro jusqu'à une certaine limite, de part et d'autre de laquelle il oscille un peu, à cause des inégalités d'action des êtres organisés.

Supposons en effet qu'en vertu d'une valeur constante de ω, le pendule s'écarte de la verticale jusqu'à la position extrême ε, où sa vitesse est nulle ; si à cet instant ω subit un accroissement tel que ε devienne une position d'équilibre, le pendule y restera en repos relatif. Mais si cet accroissement est un peu plus fort, le pendule s'écartera encore de la verticale et de ε, d'un petit angle, viendra jusqu'en ε' et tendra à exécuter autour de ε une série de petites oscillations ; mais si le pendule étant arrivé en ε', ω reçoit un accroissement un peu supérieur à celui qui ferait de ε' une nouvelle position d'équilibre, l'oscillation descendante sera supprimée et l'écartement augmentera encore, et ainsi de suite jusqu'à ce que ω ait atteint sa valeur normale. Le pendule exécutera alors de part et d'autre de la position d'équilibre correspondante une série de petites oscillations bientôt anéanties par les frottements et résistances de l'air. Il est clair que nous supposons le rapport $\frac{\omega}{\omega'}$ rester toujours très-petit pendant tous ces accroissements successifs de ω.

QUATRIÈME SECTION

—

—

§ I.

TOURNIQUET ALTERNATIF A TENSION.

—

Description.

42. Un tore T repose sur la circonférence d'un anneau C,
par les extrémités a, b, de son axe qui est un diamètre de cet
anneau ; il peut recevoir, au moyen d'une ficelle, une rotation
rapide autour de ab.

Une tige horizontale T est fixée extérieurement à l'anneau,
suivant le prolongement du rayon perpendiculaire à ab, et traverse à angle droit l'axe vertical AB, suivant une douille
horizontale dans laquelle elle peut tourner sur elle-même.

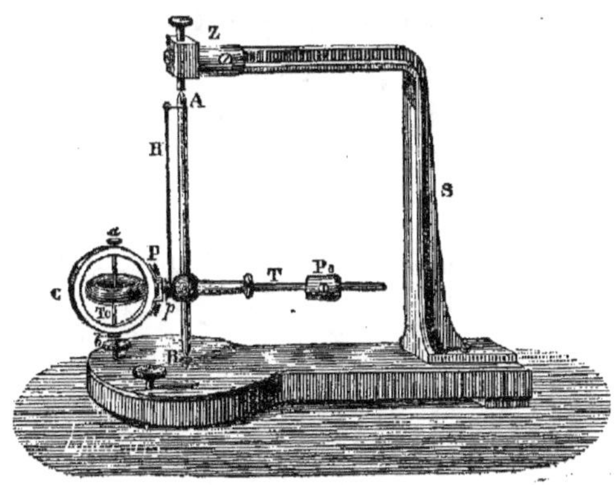

Figure 21.

Cette tige porte un tambour très-petit p et un contrepoids P.

L'axe vertical AB ne peut tourner librement que sur lui-même; il est terminé par des pointes qui reposent sur de petites crapaudines fixées au pied de l'instrument; il porte latéralement un bouton cylindrique s, parallèle à la tige T.

Un fil en caoutchouc H a ses extrémités fixées, l'une en en s, l'autre sur le tambour p, autour duquel on peut l'enrouler plus ou moins en faisant tourner la tige T sur elle-même.

Pour mettre l'appareil en mouvement, on procède de la manière suivante : 1°. On enroule le fil de caoutchouc sur le tambour, de quatre ou cinq tours, de manière à le tendre assez fortement; 2°. cet enroulement étant maintenu, on imprime au tore une rotation rapide autour de son axe; 3°. on abandonne aussitôt tout le système, sans impulsion aucune, et le mouvement de l'appareil commence.

Pour fixer les idées, supposons qu'à l'origine du mouvement l'axe ab du tore soit horizontal et imaginons deux observateurs : le premier O, couché sur la tige T, les pieds du côté du tore, la tête du côté du contrepoids; le deuxième O', couché sur ab, de telle sorte que pour lui la rotation du tore ait lieu dans le même sens que celui dans lequel le déroulement du fil ferait tourner le premier observateur. Cela posé, l'observation du mouvement est facile.

Pendant toute la durée de l'expérience, le fil se déroule toujours dans le même sens et par suite l'axe ab du tore tourne toujours dans ce sens autour de la droite T ; mais la vitesse de ce déroulement ou de cette rotation est variable; elle est nulle lorsque l'axe ab est horizontal et maximum lorsqu'il est vertical.

En même temps que ab tourne autour de la droite T, cette droite, ou mieux la tige T avec tout ce qu'elle porte, tourne elle-même autour de l'axe AB de une ou plusieurs circonférences, tantôt dans un sens tantôt dans l'autre, et le changement de sens a lieu aux instants où l'axe du tore devient vertical.

Pour achever notre description il suffit d'ajouter qu'à l'origine du mouvement l'axe ab étant horizontal par hypothèse, la tige T commence à tourner autour de AB dans le sens qui va des pieds à la tête du deuxième observateur O'.

La crapaudine supérieure de l'arbre AB est pratiquée dans l'axe même d'une vis Z dont l'écrou fixe fait partie du pied S de l'instrument. En élevant ou en abaissant graduellement cette vis, on fait varier à volonté la pression et par suite le frottement entre les pivots de l'arbre AB et ses crapaudines.

On rend ce frottement très-faible en graissant les pivots et tenant la vis Z assez haut pour que le pivot A trouve du jeu à l'intérieur de sa crapaudine et ne fasse qu'y reposer librement sur les bords. Dans ces conditions, l'angle θ de l'axe du tore avec la verticale AB varie très-lentement, tandis que la tige T exécute autour de AB et toujours dans le même sens un grand nombre de révolutions. Ainsi, dans trois expériences consécutives faites avec notre appareil, θ a varié lentement de 0° à 90°, tandis que la tige T a exécuté 36, 38 et 48 tours, dans le même sens, jusqu'à épuisement complet de la rotation propre du tore.

Si, au contraire, on abaisse la vis Z pour la serrer assez fortement sur le pivot A, l'angle θ varie promptement de 0° à 180°, tandis que la tige T fait seulement une ou deux révolutions, après lesquelles sa rotation autour de AB change de sens, et ainsi de suite :

Dans le cours d'une même expérience, avant que la rotation propre du tore soit épuisée, on peut serrer et desserrer plusieurs fois la vis Z et faire ainsi varier à volonté le nombre de révolutions de la tige T, exécutées dans le même sens autour de AB, entre deux passages consécutifs de l'axe du tore par la verticale.

Si, au moyen d'une très-forte pression, exercée brusquement par la vis Z sur l'arbre AB, on immobilisait tout à coup cet arbre, on verrait aussitôt le fil de caoutchouc se dérouler librement sur place, comme si le tore ne tournait pas.

Théorie.

43. Pour faire la théorie de ce tourniquet, nous négligeons

tout frottement autre que celui qui se développe aux extrémités de l'axe AB ; et nous rapportons le tore à trois axes
rectangulaires, Ox, Oy, Oz, passant par son centre O, savoir :
Ox suivant l'axe de la tige T et dans le sens qui va de O à
l'arbre AB, Oz verticalement de bas en haut et Oy perpendiculaire à Ox, Oz dans le sens convenu à la page 5 de
l'Avant-Propos. Il suffira de trouver le mouvement du tore
par rapport à ces axes et le mouvement de ces axes eux-
mêmes.

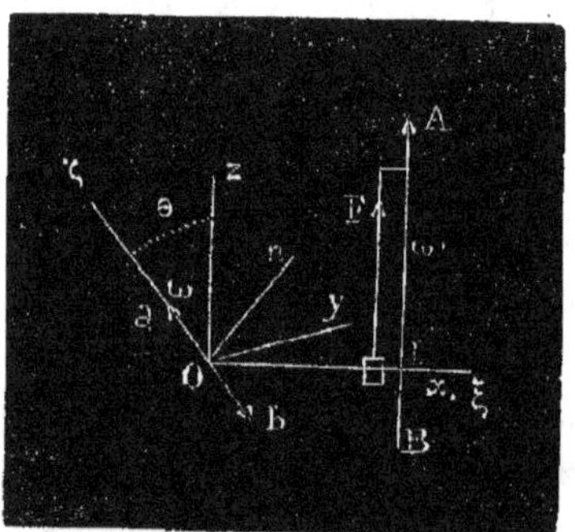

Figure 22.

Les axes Ox, Oy, Oz sont liés invariablement à l'arbre
vertical AB ; soit ω' leur vitesse angulaire de rotation, rap-
portée à un observateur ayant les pieds en B et la tête en A.

Dans le mouvement relatif, l'axe $O\zeta$ du tore étant assujetti
à rester dans le plan yOz, $O\xi$ coïncide toujours avec Ox et on
a constamment $\Psi = 0$. Si donc nous joignons aux forces
réellement appliquées au tore les forces fictives qui permettent
de ramener ce mouvement relatif à un mouvement absolu, les
trois équations de M. Résal se réduiront ici aux suivantes :

$$
(1) \quad
\begin{cases}
A \cdot \dfrac{d\Theta}{dt} = L \\[2mm]
-\, Cn\Theta = M \\[2mm]
C \, \dfrac{dn}{dt} = N
\end{cases}
$$

Le tore est soumis réellement à son poids P appliqué en O et aux réactions R, R' de l'anneau suspenseur, appliquées aux extrémités a, b de son axe de rotation.

Les quantités ω' et Θ étant petites relativement à la rotation propre du tore n, que nous supposons originairement très-grande, on peut dans une théorie approchée, comme dans celle du gyroscope (n° 34), négliger les forces centrifuges d'entraînement et réduire les forces centrifuges composées à un couple unique dont l'axe est dirigé sur $O\xi$ et dont la valeur est $Cn\omega'\sin\theta$. On aura donc :

$$(2) \qquad \left\{ \begin{aligned} L &= Cn\omega'\sin\theta + (R)_\xi \\ M &= (R)_\eta \\ N &= (R)_\zeta \end{aligned} \right.$$

en désignant par $(R)_\xi$, $(R)_\eta$, $(R)_\zeta$ la somme des moments de R et R' par rapport aux axes $O\,(\xi, \eta, \zeta)$.

44. Il nous reste à évaluer ces trois sommes et à considérer le mouvement du centre de gravité O du tore autour de l'arbre AB.

Soit D la distance de O à AB; le point O décrit autour de AB un cercle de rayon D, avec la vitesse angulaire ω' et sous l'action des forces R, R' et P en supposant la masse m du tore concentrée en ce point. Comme Ox et Oy ne sont autre chose que la normale principale et la tangente à ce cercle au point O, on a par des formules connues :

$$(3) \qquad \left\{ \begin{aligned} m\omega'^2 D &= R_x + R'_x \\ - mD\,\frac{d\omega'}{dt} &= R_y + R'_y \\ - P &= R_z + R'_z \end{aligned} \right.$$

en désignant par R_x, R'_x, R_y .... les projections de R, R' sur les axes $O\,(x, y, z)$.

Mais, d'autre part, la tige T est assujettie à avoir deux points liés invariablement à l'arbre AB et autour desquels elle peut tourner sur elle-même. On peut, en théorie, prendre ces deux points où l'on voudra sur la direction de cette tige. Le mieux, pour la simplicité des formules, serait de prendre le point O centre du cercle suspenseur et le point I où la tige rencontre AB ; mais, pour nous rapprocher autant que possible de la construction pratique de l'instrument, prenons pour ces deux points les extrémités mêmes de la douille horizontale fixée à l'arbre AB. Désignons par δ_1, δ_2 les distances de ces extrémités à AB, affectées du signe — ou + , suivant qu'elles sont situées à partir de AB dans le sens Ox ou dans le sens contraire ; et par U_1, U_2 les réactions que la tige T éprouve de la part des extrémités de la douille.

Les masses réunies de l'anneau suspenseur C, de la tige T, du contrepoids P doivent être atténuées autant que possible et ne former qu'une très-petite fraction de celle du tore, puisque ces masses, loin d'être nécessaires, sont purement perturbatrices dans le mouvement que nous étudions. Nous négligerons donc ces masses, en sorte que sur l'anneau C et la tige T pourront être regardées comme en équilibre les forces égales et contraires à R et R', les forces U_1 et U_2 et la tension F du fil de caoutchouc parallèle à AB. Si nous écrivons les équations de cet équilibre en le rapportant aux axes $O(x, y, z)$, désignant par X_1, Y_1, Z_1 et X_2, Y_2, Z_2 les composantes de U_1 et U_2, on a les deux systèmes suivants :

$$(4) \quad \begin{cases} - R_x - R'_x + X_1 + X_2 = 0 \\ - R_y - R'_y + Y_1 + Y_2 = 0 \\ F - R_z - R'_z + Z_1 + Z_2 = 0 \end{cases}$$

et :

$$(5) \quad \begin{cases} (F)_x - (R)_x = 0 \\ (F)_y - (R)_y - (D - \delta_1)Z_1 - (D - \delta_2)Z_2 = 0 \\ - (R)_z + (D - \delta_1)Y_1 + (D - \delta_2)Y_2 = 0 \end{cases}$$

Rappelons, s'il est nécessaire, que $(R)_x$, $(R)_y$, $(R)_z$, signifient la somme des moments de R et R' relativement aux axes $O(x, y, z)$; que $(F)_x$, $(F)_y$, $(F)_z$ signifient de même les moments de F par rapport aux mêmes axes.

D'ailleurs, si nous négligeons aussi la masse de l'arbre AB, les forces qui le sollicitent sont en équilibre autour de lui, c'est-à-dire les forces égales et contraires à U_1, U_2, et les frottements qui s'exercent sur les pivots de l'arbre. Désignons par f le moment résultant des frottements par rapport à l'axe de AB, nous aurons pour exprimer cet équilibre l'équation:

$$(6) \qquad \delta_1 Y_1 + \delta_2 Y_2 + f = 0$$

Si, entre la deuxième équation (3), la deuxième équation (4), la troisième équation (5) et l'équation (6), nous éliminons les trois quantités $(R_y + R'_y)$, $(Y_1 + Y_2)$ et $(\delta_1 Y_1 + \delta_2 Y_2)$ nous obtenons :

$$(R)_z = -\, mD^2\, \frac{d\omega'}{dt} + f$$

Mais $(R)_z$ est lié à $(R)_\eta$ par la relation simple :

$$(R)_z = (R)_\eta \cdot \sin\theta$$

qui résulte évidemment de ce que l'axe du moment résultant de R et R' relatif au point O est perpendiculaire à $O\zeta$ et que la projection $(R)_z$ de cet axe sur Oz s'obtient en projetant sur Oz la projection de ce même axe sur O_η.

On a donc enfin :

$$(R)_\eta = \frac{-\, mD^2\, \frac{d\omega'}{dt} + f}{\sin\theta}$$

D'ailleurs, la première des équations (5) donne $(R)_x$ ou $(R)_\xi$ savoir :

$$(R)_\xi = (F)_x$$

et $(R)_\zeta$ est évidemment nul.

45. Les valeurs de $(R)_\xi$, $(R)_\eta$, $(R)_\zeta$ étant connues, nous les substituons dans les équations (1) et nous avons pour déterminer les trois inconnues θ, ω', n de notre appareil le système suivant :

$$(7) \quad \begin{cases} A \cdot \dfrac{d\Theta}{dt} = Cn\omega'\sin\theta + (F)_x \\[2mm] Cn\sin\theta.\Theta = mD^2 \dfrac{d\omega'}{dt} - f \\[2mm] C \dfrac{dn}{dt} = 0 \end{cases}$$

Nous supposerons f constant et égal à sa valeur moyenne ; et alors les deux dernières équations de ce système sont immédiatement intégrales et donnent, si ω_0 représente la rotation initiale du tore autour de son axe de figure et si on se rappelle que ω_0' est nul :

$$n = \omega_0$$

$$C\omega_0 (\cos\theta_0 - \cos\theta) = mD^2 \cdot \omega' - ft$$

par suite :

$$\cos\theta = \cos\theta_0 - \frac{mD^2}{C\omega_0} \omega' + \frac{f}{C\omega_0} t$$

comme $\dfrac{\omega'}{\omega_0}$ est extrêmement petit, on peut négliger le deuxième terme du second membre et s'arrêter à la formule :

$$(8) \quad \cos\theta = \cos\theta_0 + \frac{f}{C\omega_0} t$$

n et θ étant ainsi déterminés, la première équation du système (7) donne ω' et on peut y négliger le terme $A \dfrac{d\Theta}{dt}$ comme étant très-petit relativement aux deux autres, tant que $\sin\theta$ n'est pas voisin de zéro. On a donc, sous cette réserve, approximativement :

$$(9) \qquad \omega' = \frac{(F)_x}{C\omega_0 \sin\theta} .$$

La formule (8) donne θ à partir de θ_0, pour chaque valeur de t tant que $\cos\theta$ fourni par elle ne dépasse pas 1 en valeur absolue. Pour fixer les idées, supposons $\theta_0 = 0$ et $\dfrac{f}{\omega_0}$ négatif ; alors t croissant de zéro à la valeur $\tau = -\dfrac{2C\omega_0}{f}$, θ croîtra aussi de zéro à π. A partir de $t = \tau$, la formule (8) devra être appliquée en y supposant $\theta_0 = \pi$ et f changé de signe ; car la formule (9) montre que ω' et par suite f changent de signe avec $\sin\theta$, c'est-à-dire lorsque l'axe du tore passe par la verticale ; et ainsi de suite, aux époques $2\,\tau, 3\,\tau, \ldots n\,\tau$.

Les formules (8) et (9) rendent compte trop facilement des diverses circonstances que présente le mouvement de notre appareil pour qu'il soit nécessaire d'entrer ici dans une discussion à cet égard. Bornons-nous à remarquer que si on immobilisait l'arbre AB par un moyen quelconque, on aurait $\omega' = 0$ et que dès lors la première de nos équations (7) se réduirait à :

$$A \ \frac{d\Theta}{dt} = (F)_x$$

c'est-à-dire que le caoutchouc se déroulerait sur place, comme si le tore ne tournait pas.

§ II.

TOURNIQUET ALTERNATIF A POIDS.

46. Peu de temps après avoir construit le *Tourniquet à tension*, nous en avons tiré un *Tourniquet à poids* en remplaçant la tension du fil de caoutchouc par le poids même de l'appareil gyroscopique.

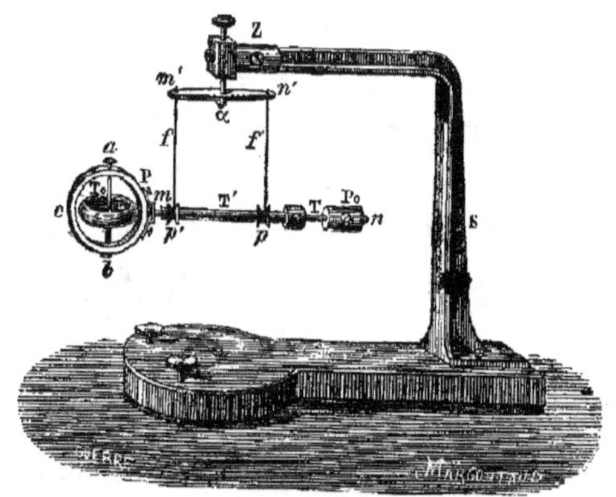

Figure 23.

Supprimant l'arbre AB, nous avons suspendu la tige TT' avec tout ce qu'elle porte, tore et contrepoids, à deux fils f, f', flexibles mais non élastiques, d'égale longueur et parallèles entre eux. Ces fils, fixés par leur extrémité inférieure à la tige TT' s'enroulent d'abord d'un même nombre de tours, respectivement sur les petites gorges p, p' que leur offre cette tige et vont ensuite s'attacher supérieurement en m', n', aux extrémités d'un fléau très-léger $m'n'$.

Ce fléau est traversé en son milieu par une petite tige verticale fixée au pied S de l'instrument et autour de laquelle il peut tourner librement en reposant sur le bouton α qui la termine.

Supposons que le tore ne tourne pas, que les fils soient enroulés inférieurement et qu'on vienne à abandonner sans impulsion la tige TT' à elle-même. Aussitôt cette tige descend rapidement, sous le poids de sa charge, dans le plan vertical passant par sa position initiale, et jusqu'à déroulement complet des fils ; puis elle remonte dans le même plan, en vertu de sa vitesse acquise, et ainsi de suite jusqu'à ce que ces oscillations s'éteignent sous les résistances passives.

Mais si le tore tourne rapidement autour de son axe, les autres suppositions étant maintenues, la tige ne descend plus et les fils ne se déroulent plus qu'avec une extrême lenteur. En revanche, cette tige, avec les fils et le fléau, tourne autour de la verticale du bouton α et le sens de cette rotation change chaque fois que l'axe ab du tore passe par la position verticale.

Après ce qui a été dit sur le Tourniquet à tension on nous dispensera sans doute de développer ici une théorie spéciale du tourniquet à poids et on nous permettra de passer à notre pendule conique.

§ III.

PENDULE CONIQUE SPIRALOIDE ET ALTERNATIF.

Description.

47. Notre pendule conique réalise un mouvement curieux résultant des effets simultanés de deux lois connues de la rotation des corps : la loi de la toupie de Foucault et la loi du parallélisme des axes de rotation qui n'est autre chose que le principe du n° 17.

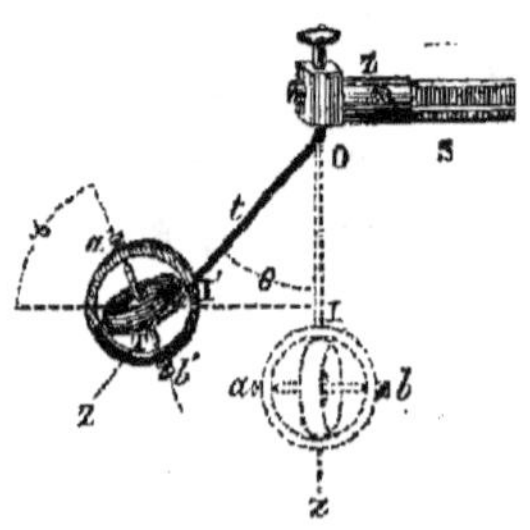

Figure 24.

Voici en quoi il consiste :

Un tore T peut recevoir d'une ficelle un mouvement de rotation rapide autour de son axe ab. Cet axe repose par ses extrémités a, b, à l'intérieur d'un anneau dont il est un diamètre.

L'anneau est suspendu, par un point I de sa circonférence, à l'une des extrémités d'un fil en caoutchouc dont l'autre extrémité est fixée en O au pied de l'appareil. Le rayon de l'anneau allant au point I peut faire un angle quelconque avec l'axe du tore. Cet angle est droit dans notre appareil.

Si le fil est sans torsion et le tore sans rotation, le système se tient en équilibre sous l'action de la pesanteur ; le fil et le plan de l'anneau étant alors verticaux et l'axe du tore horizontal.

Abandonnons le pendule dans cette position verticale, sans impulsion aucune, mais après avoir donné, isolément ou simultanément, une torsion au fil, une rotation au tore autour de ab, et voyons ce qui se passe dans chacun des trois cas possibles.

PREMIER CAS : *Le fil est tordu et le tore sans rotation.* — Le fil reste vertical et exécute les oscillations ordinaires de torsion, nettement accusées par l'anneau et le tore dont le système joue uniquement le rôle de poids tenseur.

DEUXIÈME CAS : *Le fil est sans torsion et le tore tourne.* — Pendant toute la durée de cette rotation, le fil reste vertical, sans torsion, et l'axe du tore conserve sa direction.

TROISIÈME CAS : *Le fil est tordu et le tore tourne.* — Le phénomène est alors bien différent de ceux qui précèdent : le pendule sort *spontanément* de la position verticale et peu à peu se transforme en un pendule conique très-singulier où le plan de l'anneau suspenseur coïncide toujours sensiblement avec le plan vertical passant par le fil.

Dès que le pendule est abandonné à lui-même, le fil tend à se détordre et à imprimer à l'axe ab du tore dans son plan horizontal une rotation α autour de la verticale Oz du point O. Mais ab résiste et se redresse au contraire dans son plan vertical peu à peu, comme si l'axe de la rotation du tore tendait à se mettre parallèle à celui de la rotation α et de même sens.

Pendant ce redressement, le centre de gravité du tore est sorti de la verticale Oz autour de laquelle ab s'est mis aussitôt à tourner, comme l'axe d'une toupie de Foucault, dans le sens de α. Cette rotation de ab autour de Oz permet au fil de se détordre ; elle développe en même temps une force centrifuge qui l'oblige à s'écarter de plus en plus de Oz jusqu'à ce que sa détorsion soit complète. A ce moment, le redressement de l'axe du tore et l'ouverture du cône, sensiblement circulaire, décrit par le fil dans chacune de ses révolutions autour de Oz, ont atteint leur maximum.

A partir de ce moment, grâce à la vitesse acquise, le fil prend progressivement une torsion égale et contraire à la première et qui en détruit peu à peu les effets. Le fil continue à tourner dans le même sens autour de Oz, mais en se rapprochant continuellement de cette verticale pour coïncider de nouveau avec elle lorsque la torsion contraire est devenue égale à la torsion primitive. A la même époque, l'axe du tore qui s'était abaissé peu à peu est redevenu horizontal.

A cette dernière époque les choses sont donc exactement dans le même état qu'à l'époque initiale, à cette seule différence près que la torsion du fil a changé de sens. Les mêmes mouvements vont se reproduire dans le même ordre, mais en sens contraire et ainsi de suite.

Il est clair que l'imparfaite élasticité du fil et les résistances passives rendent les périodes de plus en plus courtes, et que le pendule finit par s'arrêter. Il arrive assez souvent que la rotation du tore s'éteint à un moment où le fil est encore tordu et en dehors de la verticale ; on voit alors le fil se détordre rapidement, en toute liberté, entraînant le tore et l'anneau dont le plan cesse de coïncider avec le plan vertical du fil ; dès ce moment, on doit regarder l'expérience gyroscopique comme terminée.

Théorie.

48. Cherchons d'abord à mettre en équations le mouvement du pendule. Soient : S l'extrémité fixe du fil, m l'extrémité liée à l'anneau suspenseur et mobile avec lui. Nous supposerons le point m à égale distance des extrémités a, b de l'axe du tore et la longueur λ du fil mS, invariable pendant le mouvement.

Par le point S menons trois axes rectangulaires fixes, SX, SY, SZ, le dernier verticalement de bas en haut ; et par le centre de gravité O du tore, trois autres axes Ox, Oy, Oz, respectivement parallèles aux premiers.

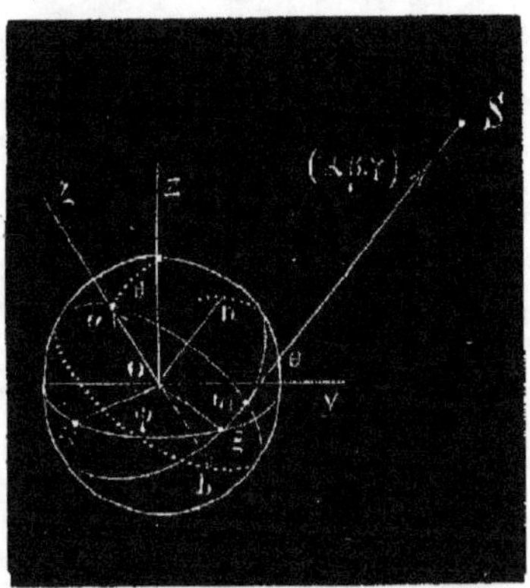

Figure 25.

La position absolue du point O sera déterminée par ses coordonnées X, Y, Z, rapportées aux axes fixes S (X, Y, Z) et la position du tore autour de ce point par les angles θ, φ, ψ ayant relativement aux axes mobiles $O(x, y, z)$ la même définition que si ces axes étaient fixes. Cette définition, avec celle des trois axes $O\xi$, $O\eta$, $O\zeta$, a été donnée dans notre Avant-Propos ; il est superflu de les rappeler ici.

La position de l'anneau suspenseur autour de l'axe du tore sera donnée par l'angle φ' compris entre le plan amb de cet anneau et le plan méridien $\zeta O\xi$.

Nous désignerons par k l'angle de torsion du fil, pris positivement ou négativement, suivant que cette torsion a lieu ou non de droite à gauche pour un observateur couché sur le fil, les pieds en m, la tête en S.

La recherche du mouvement est ainsi ramenée à celle des huit inconnues X, Y, Z, θ, φ, ψ, φ' et k entre lesquelles la Géométrie analytique et la Cinématique donnent d'abord certaines relations.

49. Si x, y, z désignent les coordonnées du point m rapporté

aux axes $O(x, y, z)$ et α, β, γ, les angles de la direction mS avec ces axes, on a, par des formules connues :

$$(1) \quad \begin{cases} x = l(\cos\varphi' \cos\psi - \sin\varphi' \sin\psi \cos\theta) \\ y = l(\cos\varphi' \sin\psi + \sin\varphi' \cos\psi \cos\theta) \\ z = l \sin\varphi' \sin\theta \end{cases}$$

l étant le rayon de l'anneau suspenseur, et

$$(2) \quad \begin{cases} \cos\alpha = -\dfrac{X + x}{\lambda} \\[2mm] \cos\beta = -\dfrac{Y + y}{\lambda} \\[2mm] \cos\gamma = -\dfrac{Z + z}{\lambda} \end{cases}$$

avec :

$$(3) \qquad (X + x)^2 + (Y + y)^2 + (Z + z)^2 = \lambda^2$$

50. On voit facilement que l'anneau peut être considéré comme animé à chaque instant d'une vitesse de translation égale à celle de son centre O et de trois vitesses simultanées de rotation, savoir : Θ autour de $O\xi$, Ψ autour de Oz et $\dfrac{d\varphi'}{dt}$ autour de $O\zeta$.

La torsion du fil est liée intimement au mouvement de l'anneau suspenseur. Pendant l'élément de temps dt décomposons le mouvement de l'anneau en une translation, représentée par le déplacement de son point m, et une rotation autour de ce point. Décomposons cette rotation elle-même en deux autres dont l'une soit parallèle et l'autre perpendiculaire au fil. Il est clair que cette dernière est, comme la translation de l'anneau, sans influence sur la torsion du fil et que la première est égale à dk. Or, cette première composante n'est autre chose que la somme des projections sur le fil des rotations Θdt, Ψdt, $d\varphi'$; on aura donc l'équation :

$$(4) \quad \left\{ \begin{aligned} \frac{dh}{dt} &= \Theta\,(\cos\alpha\cos\psi + \cos\beta\sin\psi) + \Psi\cos\gamma \\ &+ \frac{d\varphi'}{dt}\,(\cos\alpha.\sin\theta\sin\psi - \cos\beta\sin\theta\cos\psi + \cos\gamma\cos\theta) \end{aligned} \right.$$

51. Voyons maintenant comment le mouvement résulte du jeu des forces.

L'anneau suspenseur est soumis à la tension τ du fil, au couple de torsion h de ce fil et aux réactions R, R' qu'il éprouve de la part des extrémités a, b, de l'axe du tore.

Le tore est soumis à son poids mg et aux actions égales et contraires à R, R' que l'anneau exerce sur lui aux points a, b.

L'axe du couple h qui sollicite l'anneau est appliqué sur le fil ; mais il est dirigé dans le sens mS ou dans le sens contraire Sm, suivant que la torsion k est négative ou positive. Les valeurs absolues de h et k sont en outre proportionnelles, d'après la loi de Coulomb ; il est donc naturel de considérer h comme une quantité algébrique et de poser $h = -\mu k$, μ étant un coefficient constant et positif, de telle sorte que $h\cos\alpha$, $h\cos\beta$, $h\cos\gamma$ expriment dans tous les cas les projections de l'axe du couple de torsion sur les axes O(x, y, z).

52. Si on néglige la masse de l'anneau suspenseur, dont les divers points n'ont évidemment qu'une vitesse finie, les forces qui le sollicitent sont à chaque instant en équilibre absolu ; et les six équations exprimant cet équilibre, rapporté aux axes O(x, y, z) sont :

$$(5) \quad \left\{ \begin{aligned} R_x + R'_x + \tau\cos\alpha &= 0 \\ R_y + R'_y + \tau\cos\beta &= 0 \\ R_z + R'_z + \tau\cos\gamma &= 0 \end{aligned} \right.$$

$$(6) \quad \left\{ \begin{aligned} (R)_x + (\tau)_x + h\cos\alpha &= 0 \\ (R)_y + (\tau)_y + h\cos\beta &= 0 \\ (R)_z + (\tau)_z + h\cos\gamma &= 0 \end{aligned} \right.$$

où $R_x \ldots R'_x \ldots$ désignent les projections de R, R' sur les axes, $(\tau)_x$, $(\tau)_y$, $(\tau)_z$ les moments de τ et $(R)_x$, $(R)_y$, $(R)_z$ les *sommes* des moments de R et R' relativement à ces axes.

53. D'après la théorie du mouvement du centre de gravité d'un corps, les équations du mouvement du point O sont :

$$(7) \quad \begin{cases} m\dfrac{d^2 X}{dt^2} = -R_x - R'_x \\[2mm] m\dfrac{d^2 Y}{dt^2} = -R_y - R'_y \\[2mm] m\dfrac{d^2 Z}{dt^2} = -R_z - R'_z - mg \end{cases}$$

Si nous représentons par $(R)_\xi$, $(R)_\eta$, $(R)_\zeta$ les *sommes* des moments des forces R et R' relativement aux axes $O\xi$, $O\eta$, $O\zeta$, nous avons :

$$L = -(R)_\xi, \qquad M = -(R)_\eta, \qquad N = -(R)_\zeta$$

et les équations du mouvement du tore autour du point O sont, d'après les formules de l'Avant-Propos,

$$(8) \quad \begin{cases} Cn\psi\sin\theta = -(R)_\xi \\[2mm] Cn\Theta = (R)_\eta \\[2mm] C\dfrac{dn}{dt} = -(R)_\zeta \end{cases}$$

en réduisant les premiers membres aux termes les plus importants, à ceux qui renferment n que nous supposons très-grand à l'époque initiale.

Si on remarque que $(R)_\xi$, $(R)_\eta$, $(R)_\zeta$ ne sont autre chose que les projections sur les axes respectifs $O\xi$, $O\eta$, $O\zeta$ de l'axe du moment résultant de R et R' relatif au point O, axe dont les projections sur Ox, Oy, Oz ont été désignées précédemment par $(R)_x$, $(R)_y$, $(R)_z$ on aura les relations suivantes :

$$(9) \quad \begin{cases} (R)_\xi = (R)_x \cos\psi + (R)_y \sin\psi \\ (R)_\eta = -(R)_x \sin\psi\cos\theta + (R)_y \cos\psi\cos\theta + (R)_z \sin\theta \\ (R)_\zeta = (R)_x \sin\psi\sin\theta - (R)_y \cos\psi\sin\theta + (R)_z \cos\theta \end{cases}$$

D'ailleurs, on a évidemment :

$$(10) \qquad (R)_\zeta = 0$$

puisque les points d'application de R et R' sont sur la droite $O\zeta$.

54. Il est facile maintenant de voir que le problème est mis en équations par ce qui précède et que l'on peut former un système de neuf équations entre les neuf inconnues θ, φ, ψ, X, Y, Z, φ', τ, h ou k.

En effet, les équations (1) et (2) donnent x, y, z et $\cos\alpha$, $\cos\beta$, $\cos\gamma$ en fonction de ces inconnues ; par suite les moments $(\tau)_x$, $(\tau)_y$, $(\tau)_z$ sont exprimables par les mêmes inconnues au moyen des formules :

$$(\tau)_x = \tau(y\cos\gamma - z\cos\beta)$$
$$(\tau)_y = \tau(z\cos\alpha - x\cos\gamma)$$
$$(\tau)_z = \tau(x\cos\beta - y\cos\alpha)$$

Dès lors, les équations (5) d'une part, et les équations (6) et (9) d'autre part, fournissent immédiatement, en fonction des neuf inconnues, les expressions de $(R_x + R'_x)$, $(R_y + R'_y)$, $(R_z + R'_z)$ et de $(R)_\xi$, $(R)_\eta$, $(R)_\zeta$.

Substituons ces expressions dans les seconds membres des équations (7) et (8) et dans le premier membre de l'équation (10) ; remplaçons par leurs valeurs x, y, z dans l'équation (3) et $\cos\alpha$, $\cos\beta$, $\cos\gamma$ dans l'équation (4) ; les six équations (7), (8), et les trois équations (10,) (3), (4), ainsi modifiées, formeront le système annoncé de neuf équations entre le temps t et nos neuf inconnues.

On voit, par cet exposé, que notre appareil, d'une construction physique extrêmement simple, relève néanmoins d'une théorie analytique compliquée. Aussi nous n'entreprendrons pas ici le développement de cette théorie générale; nous nous bornerons à un cas particulier d'une certaine étendue (n° 57).

Le plan de l'anneau est voisin du plan vertical du fil.

55. L'expérience montre que le plan de l'anneau suspenseur coïncide, pendant toute la durée du mouvement, ou exactement ou à très-peu près avec le plan vertical du fil. Il est aisé de s'assurer que cette coïncidence n'est qu'approchée. En effet, supposons un instant que cette coïncidence ait lieu rigoureusement et désignons par θ' l'angle du fil avec la verticale du point fixe S ; on aurait alors :

$$\varphi' = 90^\circ , \qquad \frac{d\varphi'}{dt} = 0 , \qquad \gamma = \theta'$$

et par suite, après quelques calculs et réductions faciles, on tirerait des formules (9).

$$- (R)_\xi = \tau l\cos(\theta + \theta'), \quad - (R)_\eta = h\sin(\theta + \theta'), \quad - (R)_\zeta = h\cos(\theta + \theta')$$

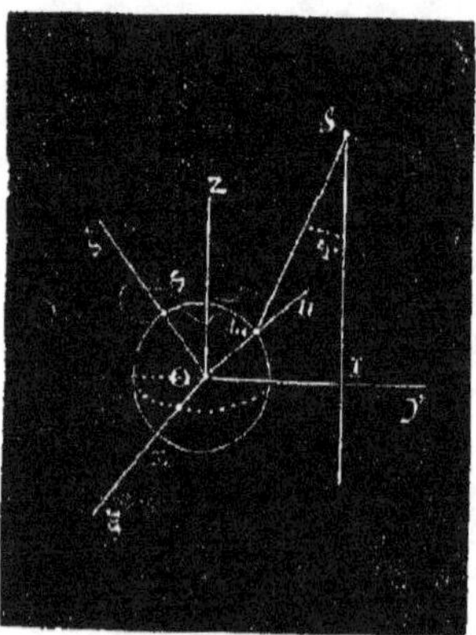

Figure 26.

égalités évidentes d'ailleurs dans l'hypothèse actuelle, en considérant directement le tore comme soumis à la tension τ et au couple h (figure 26).

Mais, d'autre part, $(R)_\zeta = 0$; on devrait donc avoir $(\theta + \theta') = 90°$, puisque h est différent de zéro, de sorte que les équations du mouvement du tore autour du point O seraient:

$$\left\{ \begin{array}{l} Cn\psi\sin\theta = 0 \\ -\, Cn\Theta = h \\ C\,\dfrac{dn}{dt} = 0 \end{array} \right.$$

Ce qui exigerait $\Psi = 0$ ou $\psi = \psi_0$, résultat contraire à l'expérience, puisque ψ n'est pas invariable pendant qu'elle a lieu. Il faut conclure de là que le plan de l'anneau est seulement très-voisin du plan vertical du fil.

On peut se rendre compte *à priori* de ce fait, sans recourir à nos formules.

Supposons qu'à une certaine époque le plan de l'anneau coïncide rigoureusement avec le plan vertical du fil; décomposons à cette époque le couple de torsion h en deux autres ayant leurs axes dirigés suivant le rayon Om et suivant l'axe Oζ du tore. Le premier de ces couples, $h\sin(\theta + \theta')$, suivant le principe du numéro **17,** ne change pas la direction du plan de l'anneau, il ne fait que relever l'axe du tore dans ce plan; le deuxième couple composant, $h\cos(\theta + \theta')$, tendant à faire tourner l'anneau autour de l'axe Oζ du tore, n'éprouve aucune résistance de la part de ce dernier; il écarte un peu le plan de l'anneau du plan vertical du fil, mais il est bientôt mis en équilibre autour de Oζ par la tension τ du fil; de sorte que l'écart entre les deux plans ne peut rester constamment nul; il doit osciller de part et d'autre de zéro en restant assez faible.

56. Nous avons, négligeant la masse de l'anneau, exprimé par les équations (5), (6), l'équilibre des forces qui le sollicitent

en le rapportant aux axes $O(x, y, z)$; si on rapporte cet équilibre aux axes $O(\xi, \eta, \zeta)$, les équations relatives aux moments
ou analogues aux équations (6), sont :

$$(11) \quad \begin{cases} (R)_\xi + (\tau)_\xi + h\cos\alpha' = 0 \\ (R)_\eta + (\tau)_\eta + h\cos\beta' = 0 \\ (R)_\zeta + (\tau)_\zeta + h\cos\gamma' = 0 \end{cases}$$

où α', β', γ' sont les angles du fil mS avec les axes $O(\xi, \eta, \zeta)$.
De ces équations on peut tirer les valeurs de $(R)_\xi$, $(R)_\eta$,
$(R)_\zeta$ ou de L, M, N au signe près, valeurs rigoureuses dans
tous les cas.

Or, lorsque l'écart entre le plan de l'anneau et le plan vertical du fil est supposé très-faible, on a sensiblement :

$$\cos\alpha' = 0, \qquad \cos\beta' = \sin(\theta + \theta'), \qquad \cos = \cos(\theta + \theta')$$

avec

$$(\tau)_\xi = \tau l \cos(\theta + \theta'), \qquad (\tau)_\eta = 0, \qquad (\tau)_\zeta = -h\cos\gamma'$$

la dernière de ces équations est même rigoureuse ; elle résulte
de la troisième équation (11) et de ce que $(R)_\zeta$ est nul par définition même.

De sorte que le mouvement du tore autour de son centre
de gravité O satisfait approximativement aux équations :

$$(12) \quad \begin{cases} Cn\psi\sin\theta = \tau l\cos(\theta + \theta') \\ -Cn\Theta = h\sin(\theta + \theta') \\ C\dfrac{dn}{dt} = 0 \end{cases}$$

Quant au mouvement du point O lui-même, désignons
par ρ la distance OI du point O à la verticale SZ, et prenons SX

parallèle à la position initiale de $O\xi$; l'angle de OI avec SX sera toujours sensiblement $\psi + 90°$ et nous aurons approximativement :

$$\rho = l\cos\theta + \lambda\sin\theta'$$

$$\left\{\begin{array}{l} X = \rho\sin\psi \\[4pt] Y = -\ \rho\cos\psi \\[4pt] Z = l\sin\theta + \lambda\cos\theta \end{array}\right.$$

$$\left\{\begin{array}{l} \cos\alpha = -\ \sin\theta'\sin\psi \\[4pt] \cos\beta = \sin\theta'\cos\psi \\[4pt] \cos\gamma = \cos\theta' \end{array}\right.$$

Par suite, les équations (7) deviendront :

$$(13)\qquad \left\{\begin{array}{l} m\ \dfrac{d^{2}(\rho\sin\psi)}{dt^{2}} = \tau\cos\alpha \\[12pt] m\ \dfrac{d^{2}(-\ \rho\cos\psi)}{dt^{2}} = \tau\cos\beta \\[12pt] m\ \dfrac{d^{2}Z}{dt^{2}} = \tau\cos\gamma - mg \end{array}\right.$$

Enfin, l'équation (4) donne aussi approximativement :

$$\frac{dh}{dt} = -\ \mu\Psi\cos\theta'$$

Cas où l'angle θ' reste petit.

57. L'expérience montre que l'angle θ' reste assez petit si le fil n'est tordu que d'un petit nombre de tours et si $\dfrac{\mu}{mgl}$ est petit. Dans ce cas, il est facile d'intégrer approximativement les équations (12) et (13).

En effet, $\frac{dZ}{dt}$ varie alors très-lentement et l'on peut prendre $\frac{d^2Z}{dt^2}$ égal à zéro, d'où :

$$\tau\cos\theta' = mg$$

ou comme θ' est très-petit :

$$\tau = mg$$

D'autre part, l'équation (4) peut s'écrire aussi à cause de la petitesse de θ',

$$\frac{dh}{dt} = -\mu\Psi$$

d'où

$$(14) \qquad\qquad h = -\mu(\psi + k_0)$$

si on désigne par k_0 la torsion initiale du fil et si on prend, comme nous l'avons dit, l'axe horizontal **SX** dans la direction initiale de $O\xi$, de telle sorte que $\psi_0 = 0$.

Substituant ces valeurs de τ et h dans les équations (12) et négligeant dans les seconds membres θ' devant θ, on a le système :

$$(15) \qquad \left\{ \begin{array}{l} Cn\psi\sin\theta = mgl\cos\theta \\[2mm] Cn\Theta = \mu(\psi + k_0)\sin\theta \\[2mm] \dfrac{dn}{dt} = 0 \end{array} \right.$$

qui détermine n, Ψ et θ.

58. La vitesse de rotation du tore autour de son axe de figure étant ω_0, au moment où on abandonne cet axe sans impulsion, c'est-à-dire à l'époque initiale, la troisième équation (15) donne $n = \omega_0$.

59. Si, entre la première équation (15) et la deuxième, différentiée par rapport à t, après avoir été divisée par $\sin\theta$, nous éliminons Ψ, nous aurons :

$$(16) \qquad \frac{d}{dt}\left(\frac{\Theta}{\sin\theta}\right) = a \cdot \frac{\cos\theta}{\sin\theta}$$

en posant

$$(17) \qquad a = \frac{\mu\,mgl}{(C\omega_0)^2}$$

Si on multiplie les deux membres de l'équation (16) par $\frac{\Theta}{\sin\theta}$ on peut mettre cette équation sous la forme :

$$\frac{\Theta}{\sin\theta}\ \frac{d}{dt}\left(\frac{\Theta}{\sin\theta}\right) = -\ a\ \frac{d}{dt}\left(\frac{1}{\sin\theta}\right)$$

qui permet une première intégration immédiate et donne :

$$(18) \qquad (\Theta)^2 = -\,2a\sin\theta + b\sin^2\theta$$

b étant la constante introduite par l'intégration. Nous déterminerons cette constante par la condition, qu'à l'époque initiale, lorsque $\theta = 90°$ et $\Psi = 0$, on a par la deuxième équation (15).

$$\Theta_0 = \frac{\mu k_0}{C\omega_0}$$

par suite l'équation (18) donne :

$$b = \left(\frac{\mu k_0}{C\omega_0}\right)^2 + 2a$$

7

On voit que les constantes a et b sont positives et très-petites de l'ordre de $\frac{1}{\omega_0^2}$ et que le rapport $\frac{2a}{b}$ est positif et plus petit que l'unité.

La formule (18) montre que $\sin\theta$ qui part de l'unité, peut diminuer jusqu'à $\frac{2a}{b}$, sans que Θ devienne imaginaire, et que l'on a :

$$\theta_1 < \theta < 180° - \theta_1$$

en posant :

$$\sin\theta_1 = \frac{2a}{b} = \frac{1}{1 + \frac{\mu^2 k_0^2}{2\mu mgl}}$$

L'angle θ_1 diminue lorsque k_0 augmente, mais il est indépendant de ω_0.

Si on écrit l'équation (18) sous la forme :

$$dt = \pm \frac{d\theta}{\sqrt{b\sin^2\theta - 2a\sin\theta}}$$

on voit que la détermination de θ en fonction du temps t est ramenée à une intégrale elliptique :

60. Après la détermination de θ, la première équation (15) donnera Ψ par la formule :

$$\Psi = \frac{mgl}{C\omega_0} \cot\theta$$

Ψ aura même périodique que θ et changera de signe lorsque θ

passera par 90°. Mieux encore, la deuxième équation (15) donnera

$$\psi = - k_0 + \frac{C\omega_0}{\mu} \frac{\Theta}{\sin\theta}$$

ou

$$(19) \qquad \psi = - k_0 \pm \frac{C\omega_0}{\mu} \sqrt{b - \frac{2a}{\sin\theta}}$$

formule dans laquelle on prendra le signe $+$ ou le signe $-$, suivant que Θ sera positif ou négatif.

61. Le mouvement du tore autour de son centre de gravité est connu par n, θ et Ψ. Il nous reste à déterminer le mouvement de ce centre de gravité autour du point fixe S. Comme, par hypothèse, le plan de l'anneau suspenseur reste vertical et contient toujours le fil du pendule, il suffira de connaître l'angle θ' de ce fil avec la verticale SZ.

L'observation montre que le mouvement du centre de gravité du tore est sensiblement circulaire et uniforme pendant la durée de deux ou trois de ses révolutions autour de SZ ; comme ce mouvement est produit par les seules forces extérieures τ et mg, on a d'après une loi connue du mouvement circulaire et uniforme :

$$(20) \qquad \tau \sin \theta' = m\rho \Psi^2$$

relation qui donne θ' en fonction de θ et Ψ obtenus précédemment.

Cette relation peut aussi se déduire des équations (13). En effet, si on multiplie la première de ces équations par $- \sin \psi$, la deuxième par $\cos \psi$ et si on les ajoute membre à membre, on a :

$$\tau \sin \theta' = - m \left[\sin \psi \frac{d^2 (\rho \sin\psi)}{dt^2} + \cos \psi \frac{d^2 (\rho \cos\psi)}{dt^2} \right]$$

$$= m \left(\rho \Psi^2 - \frac{d^2 \rho}{dt^2} \right)$$

mais $\rho = l\cos\theta + \lambda\sin\theta'$ et on peut prendre $\rho = l\cos\theta$, puisque l et λ sont de même ordre de grandeur, tandis que θ' est très-petit devant θ. On a alors :

$$\frac{d^2\rho}{dt^2} = -l\left(\frac{d\Theta}{dt}\sin\theta + \Theta^2\cos\theta\right)$$

On voit que cette valeur de $\frac{d^2\rho}{dt^2}$ est négligeable devant $\rho\Psi^2$, car Θ est en moyenne beaucoup plus petit que Ψ, le rapport $\frac{\Theta}{\Psi}$ étant de l'ordre de la fraction $\frac{\mu}{mgl}$ supposée petite, lorsque θ n'est pas dans le voisinage de 90°. On retombe donc sur la formule

$$\tau\sin\theta' = m\,\rho\,\Psi^2$$

qui donne

$$\sin\theta' = \frac{l}{g - \lambda\Psi^2}\,\Psi^2\cos\theta$$

ou en négligeant $\lambda\Psi^2$ qui est de l'ordre $\frac{1}{\omega_0^2}$ devant g

$$(21)\qquad\qquad \sin\theta' = \frac{l}{g}\,\Psi^2\cos\theta$$

62. Enfin la formule (14) donnera h et par suite k

$$k = \psi + k_0$$

63. La discussion des formules ci-dessus conduit facilement au tableau suivant qui la résume. Ce tableau donne les valeurs de θ, Θ, ψ, Ψ, θ' et k aux époques o, $\frac{T}{4}$, $\frac{T}{2}$

$3\frac{T}{4}$, T, la durée de la période complète et commune à ces quantités étant T.

$t =$	0	$\frac{T}{4}$	$\frac{T}{2}$	$3\frac{T}{4}$	T
$\theta =$	$\frac{\pi}{2}$	θ_1	$\frac{\pi}{2}$	$180 - \theta_1$	$\frac{\pi}{2}$
$\Theta =$	$\frac{\mu k_0}{C\omega_0}$	0	$-\frac{\mu k_0}{C\omega_0}$	0	$\frac{\mu k_0}{C\omega_0}$
$\psi =$	0	$- k_0$	$- 2k_0$	$- k_0$	0
$\Psi =$	0	Ψ_1	0	$- \Psi_1$	0
$\theta' =$	0	θ'_1	0	$- \theta'_1$	0
$k =$	k_0	0	$- k_0$	0	k_0

Ψ_1 et θ'_1 désignent les valeurs maxima de Ψ et θ'. On voit d'ailleurs facilement dans quel sens varient les grandeurs considérées entre deux époques consécutives de ce tableau. Après une première période de durée T, ces grandeurs reprennent les mêmes valeurs dans le même ordre, et ainsi de suite.

§ IV.

APPENDICE.

Appareil intermédiaire entre le Culbuteur de Hardy et le Pendule alternatif.

64. Reportons-nous à la description du Culbuteur de Hardy (n° 19); considérons les deux cercles C et C′, le premier extérieur, le deuxième intérieur pouvant tourner autour d'un diamètre D du premier, avec le tore qu'il porte et dont l'axe est perpendiculaire à D. Suspendons le système de ces trois pièces à un fil dont l'extrémité supérieure est fixe et l'extrémité inférieure attachée en un point m de la circonférence C. Donnons au tore une rotation rapide et au fil pris verticalement une torsion initiale, puis abandonnons le tout sans impulsion.

Si la distance angulaire δ du point m au diamètre D est égale à 90°, on a le Culbuteur de Hardy, comme nous l'avons expliqué au n° 20.

Si δ est nul, les oscillations de torsion du cercle C se produisent librement, le cercle C′ restant immobile ou du moins ne se déplaçant que peu à peu, en vertu des frottements qu'éprouve son axe de rotation D de la part des coussinets portés par le cercle C.

Si δ est compris entre 0 et 90° on a une expérience très-curieuse, intermédiaire entre celle de Hardy et celle de notre pendule alternatif. Le cercle C′ culbute dabord autour de D, le cercle C restant immobile, jusqu'à ce que le plan de C′ soit venu s'appliquer sur celui de C; et cette première culbute a lieu dans un sens tel que la direction de l'axe de la rotation du tore fasse un angle de plus en plus petit avec celle de l'axe de la rotation que le fil tordu tend à imprimer au cercle C. Nous rappelons ici, (Avant-Propos, page 5), que la direction de l'axe d'une rotation va des pieds à la tête d'un observateur qui couché sur cet axe voit la rotation s'effectuer de droite à gauche.

Aussitôt que le cercle C' est appliqué dans le plan du cercle C, le fil se détord puis se tord en sens contraire, les cercles C et C', restant ensemble dans le plan vertical de ce fil qui décrit en même temps un cône. Ce cône s'ouvre de plus en plus pendant la détorsion et se ferme ensuite peu à peu pendant la torsion en sens contraire, à la fin de laquelle le fil est redevenu vertical. A ce moment, le cercle C recouvre son immobilité, pendant que le cercle C' exécute une nouvelle culbute de 180° autour de D. Après cette deuxième culbute, le plan vertical commun aux deux cercles et au fil prend un mouvement conique autour du point fixe du fil, et ainsi de suite.

Cette expérience se comprend très-bien à l'aide du principe si fécond du parallélisme des axes de rotation. En effet, tant que la direction de l'axe de la rotation du tore peut se rapprocher de celle de l'axe de la détorsion du fil, sans déranger le cercle C, ce cercle reste immobile et le cercle C' culbute autour de D ; à la fin de cette culbute le rapprochement entre ces deux directions n'est possible que si les deux anneaux tournent autour de la perpendiculaire en m à leur plan devenu commun; mais alors le centre de gravité du tore sort de la verticale du point fixe du fil, et on retombe exactement dans les conditions de mon pendule alternatif.

APRÈS-PROPOS.

1. Nous avons parlé, dans notre Avant-Propos, des réclamations de M. Hirn et de M. Sire; on peut les lire dans les numéros des 7 octobre et 18 novembre 1878 des Comptes-Rendus de l'Académie des Sciences. Ces réclamations, les seules qui aient été faites, se rapportaient toutes les deux et uniquement au premier en date de mes appareils gyroscopiques, le *Culbuteur continu*. Comme elles m'ont paru très-peu fondées et très-spécieuses, j'ai dû publier dans les numéros suivants des Comptes-Rendus les réponses ci-jointes qui sont restées sans réplique.

Réponse à la lettre de M. Hirn.

M. Hirn, dans une Lettre adressée à M. Faye et publiée dans le *Compte-Rendu* de la séance du 7 octobre, veut bien s'occuper de l'appareil gyroscopique que j'ai présenté à l'Académie le 9 septembre.

Cette Lettre a pu, à l'insu de son auteur, faire naître contre moi, dans l'esprit de ceux qui ne connaissent pas le Mémoire de M. Hirn, sur la toupie et le gyroscope de Foucault, une prévention imméritée qu'il m'importe de détruire.

Entre l'appareil de M. Hirn et le mien il existe une partie commune, mais cette partie se retrouve dans presque tous les appareils gyroscopiques : elle consiste dans le mode de suspension du tore par le moyen de deux cercles ou deux cadres, suspension à la Cardan, tombée depuis longtemps dans le domaine public et qui n'intéresse plus désormais que par l'usage nouveau qu'on peut en faire. M. Hirn en a usé, d'une façon, pour étudier expérimentalement des mouvements déjà connus, et moi, d'une autre, pour produire un mouvement nouveau.

Mon appareil se distingue essentiellement de celui de M. Hirn par le dispositif qui permet de faire vibrer le cercle extérieur A pour produire une rotation continue du cercle intérieur B, autour de son diamètre horizontal rendu presque immobile, rotation rapide de 50 à 60 tours par seconde, accompagnée d'un ronflement énergique.

Dans tout le Mémoire de M. Hirn, on ne voit pas que le cadre, représentant mon cercle B, ait jamais fait ou été appelé à faire en entier même une seule révolution autour de son diamètre horizontal. Il se contente d'osciller autour de ce diamètre, avec une amplitude de petitesse extrême, de part et d'autre d'une position moyenne, ou bien de faire tout au plus un quart de tour.

L'idée de cette vibration du cercle A, produisant une rotation continue du cercle B, doit nécessairement se déduire de tout système complet de formules analytiques, relatives à la rotation d'un solide; elle pouvait aussi, ce que M. Hirn indique pour la première fois dans sa Lettre, se déduire d'une étude de la toupie de Foucault, d'après la méthode du savant Correspondant de l'Académie; mais comme, en fait, cette déduction n'avait jusqu'ici été signalée par personne, encore moins réalisée expérimentalement, j'ai cru et je crois toujours pouvoir donner mon appareil comme absolument nouveau.

Au fond, c'est l'opinion de M. Hirn, qui ne veut être que juste, lorsqu'il reconnaît que la priorité m'est acquise pour avoir poursuivi et atteint un but tout autre que le sien.

Aussi ma réponse, qui ne saurait être trop respectueuse pour l'éminent physicien et philosophe, s'adresse-t-elle bien moins à M. Hirn qu'aux lecteurs de sa Lettre qui seraient tentés de regarder ma Note du 9 septembre comme superflue, sinon comme dérobée, et l'appareil en question comme déposé depuis dix ans révolus dans quelque collection de Paris. »

Réponse aux observations de M. Sire.

Dans une note, adressée à M. Résal et insérée par extraits dans le *Compte-Rendu* du 18 novembre dernier, M. Sire fait à propos de mon premier appareil gyroscopique, quelques observations auxquelles je dois répondre. Ces observations sont de trois sortes : affirmations diverses, rappel d'un mémoire, énoncé d'un principe.

Les affirmations de M. Sire consistent à dire et à répéter que le mouvement de mon appareil lui était connu dès 1852, puis dès l'invention de son polytrope, traduisons dès 1859 ; que le 18 juillet de cette même année il l'avait signalé à plusieurs membres de l'Académie, notamment à de Sénarmont qui, piqué de curiosité, l'aurait réalisé sur-le-champ à l'aide du polytrope ; qu'enfin ce mouvement se produit forcément et comme de lui-même dans un grand nombre d'expériences exécutées par lui.

Je passe sur la distraction, sans importance ici, qui semble mettre sous la plume de M. Sire deux dates différentes pour sa première observation du mouvement réclamé ; il me suffit de remarquer qu'il n'existe aucune trace des affirmations précédentes ni dans les *Comptes-Rendus*, ni dans les écrits de M. Sire sur la rotation, que je viens de lire avec le plus grand soin. Les affirmations actuelles sont de véritables révélations après vingt-cinq ans de silence et je n'ai qu'à leur appliquer la réponse que de la Rive adressait à M. Sire, en 1858, dans les *Archives de Genève*, pour établir contre lui la priorité de Foucault à l'égard du principe du *parallélisme des axes de rotation* : « Il est admis universellement en science que la » date de la publication détermine seule la priorité. Nous ne

» pouvons donc admettre en faveur de **M.** Sire les témoigna-
» ges très-respectables qu'il invoque, non plus que des
» expériences qui n'ont pas été publiées. »

M. Sire n'a pas dû oublier ces paroles que j'ignorais, il y a quelques jours seulement, comme le débat qu'elles paraissent avoir terminé. Aussi invoque-t-il une pièce écrite, son intéressant Mémoire de 1860, publié par la *Société d'émulation du Doubs* « où, dit-il, dans les expériences auxquelles se
» prête mon Polytrope, j'insiste surtout sur ce fait constant,
» que, si l'on intervertit la rotation méridienne, l'*orientation*
» de l'axe du tore change immédiatement de sens, c'est-à-
» dire que cet axe décrit une demi-révolution, presque tou-
» jours dépassée en vertu de la vitesse acquise...... Cette
» inversion de l'axe du tore se produit dans les expériences
» réalisées à l'aide de mon Polytrope, instrument que j'ai
» imaginé dans le but de reproduire artificiellement, en les
» agrandissant et pour toutes les latitudes, les phénomènes
» d'*orientation* de l'axe d'un tore, phénomènes que le Gyros-
» cope de Foucault n'accuse que pour une seule station. »

M. Sire vient de donner lui-même l'explication du silence aussi absolu que singulier, gardé par lui jusqu'à ce jour sur une observation qui avait frappé vivement de Sénarmont. Oui, l'*orientation* de l'axe du tore et son application à la démonstration de la rotation de la terre sont la préoccupation constante et exclusive du Mémoire de 1860, et des autres écrits de **M.** Sire sur ce sujet. *Partout* on voit un axe qui se *fixe* après quelques oscillations, soit dans une direction *déterminée*, soit dans la direction *contraire*, après *un demi-tour seulement*, et *nulle part* une *rotation continue* provenant de cette inversion.

Il n'est pas permis, devant les affirmations présentes, de douter que cette *rotation continue* ait été observée autrefois par **M.** Sire ; ne le serait-il pas de supposer qu'elle a été écartée systématiquement de tous ses écrits, comme phénomène radicalement contraire à celui de l'*orientation*, pour lequel le Polytrope a été spécialement construit.

Je lis, il est vrai, deux lignes plus bas, dans la note à laquelle je réponds : « Si le changement de sens de la rotation » méridienne est fait convenablement et à de courts inter- » valles, l'inversion dans l'orientation de l'axe du tore donne » lieu à une rotation continue de cet axe, qui est précisé- » ment le mouvement produit dans l'appareil de M. Gruey. »

Rien de plus juste, mais c'est la première fois, à ma connaissance, que M. Sire publie cet énoncé qui était depuis si longtemps dans son esprit.

Ai-je besoin d'ajouter maintenant que M. Sire n'a pas construit d'appareil spécial pour produire régulièrement et avec une grande rapidité la rotation continue de l'axe du tore, sous une action vibratoire invisible ; phénomène qui a peut-être son analogue dans certains faits de physique moléculaire ou de météorologie ? M. Sire dit maintenant que son Polytrope peut servir à cette expérience, mais il écrivait jadis dans son Mémoire de 1860, page 14, que pour produire seulement une inversion de l'axe du tore, c'est-à-dire un seul demi-tour, il fallait opérer avec précaution et lenteur, sous peine de *briser l'axe* et même *tout son appareil*. Que deviendrait donc le Polytrope, si on réussissait avec lui, ce qui est impossible, à produire une rotation de 50 à 60 tours par seconde.

Puisque M. Sire à voulu mêler de grands noms à de petites choses, il me permettra certainement d'opposer au souvenir de feu de Sénarmont cette conclusion finale formulée par de la Rive, dans les archives de Genève, pour une circonstance analogue mais bien autrement grave. « Nous ne contestons » pas à M. Sire le mérite d'avoir fait cette découverte, mais » nous lui contestons le droit de priorité. »

———

2. En relisant cette brochure, imprimée à la hâte par suite de circonstances particulières, je me suis reproché souvent d'avoir trop peu suivi le précepte du poëte, *sœpe*

stylum vertas, si bien fait pour moi. Je prie mes lecteurs de m'accorder toute leur indulgence; je prie surtout MM. les Professeurs des Facultés de ne voir dans cet essai que le cadre d'un chapitre nouveau à introduire dans le haut enseignement, cadre qu'ils sauront remplir à leur manière.

TABLE DES MATIÈRES.

ERRATA.

Page 48, dans les quatre dernières lignes, *au lieu de* θ, *lisez* τ.

Page 80, ligne 14, *au lieu de* intégrales, *lisez* intégrables.

Pages 77, lignes 10 et 11, et page 80, ligne 9, *mettez* le signe *moins* devant $C n\omega' \sin\theta$.